Brigitte Labbé Michel Puech

Was verbindet die Welt?

Ethik für Kinder

Illustrationen von Jacques Azam

Übersetzt von Anne Braun

Loewe

Inhaltsverzeichnis

10 Einleitung

12 Jungen und Mädchen

36 Schön und hässlich

60 Gerecht und ungerecht

84
Gewalt und Gewaltlosigkeit

110
Krieg und Frieden

136
Register

Viel Spaß …

Einleitung

Was ist der Unterschied zwischen Jungen und Mädche

ibt es so etwas wie verkappte Jungen? Wie kannst du diese Musik gut finden? Wie ist es, wenn man sich verliebt? Warum berührt mich dieses Gedicht so sehr? Warum sich schämen, wenn man weint? SOS, Konflikt-Hotline! Was mache ich, wenn mich jemand schlägt? Wer entscheidet, was Gerechtigkeit ist? Wie wehrt man sich gegen Gewalt? Wie kann man einen Konflikt friedlich lösen? Was tun, wenn man ungerecht behandelt wird? Verdient eine Grundschullehrerin so viel wie der Torwart unserer Nationalmannschaft? Gibt es gute Gründe für Gewalt? Wir bereiten den Weg für den Frieden von morgen vor ... warum nicht schon für heute?

?

Welcher Junge hat nicht mindestens einmal schon gedacht „Mädchen sind doof!“? Und welches Mädchen hat nicht schon mal gedacht „Jungen sind doof!“?
Die Natur hat uns Menschen als Männer und Frauen erschaffen. Dabei könnte es durchaus auch drei, vier oder gar tausend verschiedene Geschlechter geben! Oder auch gar keins …

Jungen und Mädchen

Jungen und Mädchen

Junge oder Mädchen? 15
Die Unterschiede zwischen Jungen und Mädchen 16
Sind Mädchen überhaupt menschliche Wesen? 17
Die Suche nach der anderen Hälfte 19
Männlich und weiblich zugleich! 20
Weder Vater noch Mutter 21
Fotokopierer erfinden nichts dazu 21
Millionen von Unterschieden 22
Nur keine Panik! 23
Hoch – tief, heiß – kalt, plus – minus 24
Toll, Oma! Super, Opa! 25
Einengende Rollen 27
Ein Junge weint nicht! 28
Verkappter Junge, verkapptes Mädchen 29
Rollentausch? 30
Klempnerin, Aupair-Junge 31
Ein Zaubertrank 33
Verliebt sein 34
Mädchen sind doof, Jungen sind doof. Oder? 35

Junge oder Mädchen?

Isabelle liegt auf dem Rücken, Patrick hält ihre Hand. Der Arzt sagt: „Das Köpfchen ist bereits zu sehen. Nur noch wenige Minuten, dann können Sie Ihr Baby in den Armen halten.“ Isabelle und Patrick sind sehr gespannt. Sie hatten etwas Angst vor der Entbindung, aber alles läuft nach Plan. Plötzlich ein lauter Schrei, der Schrei des Neugeborenen! „Was für ein süßes Mädchen!“, sagt der Arzt. Im Raum nebenan hört man gleichzeitig eine Hebamme rufen: „Was für ein hübscher Junge!“ In dieser Entbindungsstation hört man – wie überall auf der Welt – bei jeder Geburt als Erstes: „Es ist ein Mädchen!“, oder: „Es ist ein Junge!“

Man erkennt auf den ersten Blick, ob das Neugeborene ein Junge oder ein Mädchen ist. Hat es einen Penis, ist es ein Junge. Hat es eine Vagina, ist es ein Mädchen.

Das Geschlecht eines Kindes gehört zu den wichtigsten Dingen, die man nach einer Geburt feststellt. Patrick und alle Väter in der Entbindungsabteilung rufen kurz darauf ihre Eltern, die Familie oder Freunde an, um ihnen von der Geburt zu erzählen. Und man kann wetten, dass sie als Erstes sagen: „Es ist ein Junge!", oder: „Es ist ein Mädchen!"

Wenn ein Außerirdischer nach seinem Besuch auf der Erde auf seinen Heimatplaneten zurückkehrt, würde er den Bewohnern seines Planeten vermutlich berichten: „Unglaublich, auf der Erde ist alles anders als bei uns. Es gibt zwei Typen von Erdlingen – Männer und Frauen." Und dann würde er den Unterschied zwischen Männern und Frauen schildern. Der wäre ihm stärker aufgefallen, als dass es große und kleine, kurz- und langhaarige, magere und dicke, junge und alte Menschen gibt ...

Der Unterschied zwischen Männern und Frauen ist sicher der wichtigste Unterschied, den die Natur uns Menschen mitgegeben hat.

Die Unterschiede zwischen Jungen und Mädchen

Was genau ist eigentlich der Unterschied zwischen Jungen und Mädchen?

Die vierjährige Roxanne meint: „Die Jungen pinkeln im Stehen, die Mädchen setzen sich."

Samuel: „Jungs haben kurze Haare, Mädchen lange. Und außerdem ziehen Jungs keine Kleider an."

Roman: „Die Jungen haben einen Penis, die Mädchen nicht."

Hanna: „Ja, aber Mädchen bekommen später mal Brüste, Jungen nicht."

Und so weiter und so fort. Es gibt massenhaft Unterschiede.

Bei längerem Nachdenken kommt man irgendwann zu dem Schluss, dass der wichtigste Unterschied zwischen Mädchen und Jungen darin besteht, dass Mädchen später Babys bekommen können, die in ihrem Bauch heranwachsen.
Das können die Jungen nicht!
Natürlich weiß man, dass ohne Sperma kein neues Leben entstehen kann. Und das Sperma liefert der Mann.

Doch alle Menschen, ob männlich oder weiblich, sind aus dem Bauch einer Frau gekommen. Mit dieser Tatsache konnten sich die Männer nicht immer abfinden. Und das ist verständlich: Wenn andere etwas können, was man selbst nicht kann, ist das nicht einfach. Vor allem wenn es um etwas so Wichtiges geht wie die Erschaffung neuen Lebens.
Wollten die Männer auf der ganzen Welt vielleicht deshalb schon immer beweisen, dass sie stärker sind als die Frauen?

Sind Mädchen überhaupt menschliche Wesen?

Klar, das ist eine lächerliche, dumme und gemeine Frage! Und doch wurde sie von Männern immer wieder gestellt – nicht aus Spaß, sondern in vollem Ernst! Und das waren nicht irgendwelche Dummköpfe, sondern große Religionsgründer. Sie haben sich gefragt, ob Frauen überhaupt richtige Menschen sind.
Auf der ganzen Erde wurden die Frauen lange Zeit wie Objekte behandelt – wie Gegenstände, die man beliebig tauschen kann. Im Geschichtsunterricht erfährt man, dass Könige ihre Töchter anderen Königen gaben, um ihr eigenes Reich zu vergrößern oder mit dem

Nachbarreich in Frieden zu leben. Aber das taten nicht nur die Könige!

Töchter galten lange als der Besitz ihres Vaters. Dieser gab sie an einen anderen Mann weiter, und die Tochter gehörte fortan ihrem Ehemann. Puh, ein Glück, dass sich das geändert hat!

Doch leider nicht überall.

In manchen Ländern werden die Frauen noch heute wie weniger wertvolle Menschen behandelt: Sie dürfen weder studieren noch allein das Haus verlassen. Sie dürfen auch nicht Auto fahren, arbeiten gehen, wählen oder sich ihren Ehemann aussuchen. Die Männer dürfen sie schlagen, manchmal sogar umbringen – und das völlig straffrei.

Geschichtlich gesehen, war die Beziehung zwischen Männern und Frauen nicht immer sehr rosig. Allerdings gab es auch immer wieder Geschichten, die sich der schönen Seite dieser Beziehung widmen.

Die Suche nach der anderen Hälfte

Um die Sache mit der Liebe zu erklären, hat sich jemand eine hübsche Geschichte ausgedacht: Am Anfang der Welt haben die Götter die Menschen als Kugeln erschaffen. Jede Kugel hatte vier Arme, vier Beine, zwei Köpfe und zwei Geschlechter – ein männliches und ein weibliches. Manche Kugeln hatten aber auch zwei männliche oder zwei weibliche Geschlechter. Diese Kugeln konnten überall hinrollen, waren glücklich und fühlten sich stark – so stark, dass sie sich für Götter hielten. Das hat den richtigen Göttern nicht gefallen. In ihrem Zorn beschlossen sie, die Kugeln in zwei Hälften zu zerschneiden. Seither sind die Menschen nur noch halbe Kugeln, die verzweifelt nach ihrer anderen Hälfte suchen, um wieder vollkommen glücklich zu sein.

Diese Geschichte will erklären, warum zwei Menschen sich ineinander verlieben und unbedingt zusammen sein möchten: um wieder eine Kugel zu bilden und stark und glücklich zu sein.
Diese Geschichte will auch zeigen, warum man sich nur in ganz bestimmte Menschen verliebt: Jeder sucht seine halbe Kugel von früher und nicht irgendeine andere Hälfte!
Natürlich weiß jeder, dass es diese Kugeln nie gegeben hat, aber es stimmt, dass sich Menschen nicht aus Zufall füreinander entscheiden. Sich zu verlieben bedeutet, jemanden auszuwählen. Und geliebt zu werden bedeutet, von jemandem ausgewählt worden zu sein.
Wie schön! Denn um einander zu gefallen, tun die Menschen die verrücktesten Dinge: Sie schreiben Gedichte und Liebesbriefe, singen, machen sich schön, schminken sich, kleiden sich gut, entwerfen und produzieren Schmuckstücke, Parfüms, musizieren, tanzen, denken sich leckere Mahlzeiten aus ...

Männlich und weiblich zugleich!

In der Tierwelt gibt es noch merkwürdigere Dinge als halbe Kugeln ... und sie sind wahr!
Krabben zum Beispiel sind in ihrer Jugend alle Männchen und werden später zu Weibchen. Das gilt auch für die Garnelen. Bei manchen Fischen verhält es sich genau umgekehrt: Sie werden alle als Weibchen geboren und später zu Männchen. Ganz schön lustig, wenn es auch bei uns Menschen so wäre! Wäre es nicht spannend, wenn ein Mädchen wüsste, wie es ist, ein Junge zu sein und umgekehrt?
Es gibt jedoch auch Tiere, die ihr ganzes Leben lang beide Geschlechter gleichzeitig haben. Das gilt zum Beispiel für die Jakobspilgermuscheln und für Schnecken.
Für die meisten Tiere und für uns Menschen hat sich die Natur jedoch etwas anderes ausgedacht: Wir haben das ganze Leben lang dasselbe Geschlecht. Wir werden als Mädchen oder Junge geboren und bleiben es bis zum Tod. Eigentlich bräuchte man das überhaupt nicht zu erwähnen, es klingt fast albern. Doch jetzt, da wir die Sache mit den Krabben und Garnelen, den Pilgermuscheln und Schnecken wissen, kommt es einem gar nicht mehr so selbstverständlich vor!

Weder Vater noch Mutter

Die Natur hat es so eingerichtet, dass es bei uns Menschen Männer und Frauen gibt. Dabei könnte es auch drei, vier zehn oder gar tausend verschiedene Geschlechter geben! Oder auch gar keins. Die ersten Erdenbewohner, die Bakterien, waren geschlechtslos. Es gibt keine Bakterien-Mädchen oder Bakterien-Jungen. Und folglich auch keine Bakterien-Mama oder keinen Bakterien-Papa. Jede Bakterie pflanzt sich von allein fort, indem sie sich einfach in zwei genau gleiche Hälften teilt. Diese zwei Hälften wachsen heran, und wenn sie groß genug sind, teilen sie sich wieder in zwei Hälften und so fort. Das hört nie auf. Es ist so ähnlich, als würde ein Fotokopierer endlos – sprich: Jahrmillionen lang – dieselbe Seite kopieren. Wäre die Natur bei dieser Art der Fortpflanzung geblieben, gäbe es uns gar nicht. Dann lebten auf der Erde nur Bakterien und kleine grüne Algen – und absolut nichts Interessanteres.

Fotokopierer erfinden nichts dazu

Kopieren ist das Gegenteil von Verändern und Hinzuerfinden. Stellen wir uns doch einfach mal vor, ein Mann oder eine Frau könnten sich auf dieselbe Weise fortpflanzen wie die Bakterien. Ein Mann würde einen neuen, völlig gleichen Mann erschaffen oder eine Frau eine neue, völlig gleiche Frau. Es wäre unmöglich, die beiden zu unterscheiden: Sie wären Klone. Und jeder Klon würde weitere genau gleiche Klone erzeugen. Dann würden wir auf der Straße tausenden unserer Ebenbilder begegnen. Anfangs wäre das vielleicht ganz lustig, aber auf die

Dauer schrecklich langweilig. Natürlich hätten nicht alle haargenau denselben Charakter, dieselben Fähigkeiten oder Fehler. Denn diese hängen immer auch von der Geschichte des Einzelnen ab. Vielleicht wird es eines Tages möglich sein, sich selbst zu fotokopieren, sprich: zu klonen. Doch vorläufig geht das noch nicht. Es bedarf immer zweier Menschen – eines Mannes und einer Frau –, damit ein neues Lebewesen entsteht.

Millionen von Unterschieden

Martina ist groß, hat dicke blonde Haare, braune Augen, ein spitzes Näschen, schmale Nasenflügel, lange Beine, breite Zehen und eine helle Haut.
Lukas hat breite Schultern, eher dünne braune Haare, eine breite Nase, fast schwarze Augen, einen schmalen Mund und eine dunkle Haut.

Man könnte noch Millionen von Unterschieden zwischen Martina und Lukas aufzählen. Und falls Martina und Lukas je Kinder bekommen, vermischen sich all diese Unterschiede, und es entsteht eine dritte Person, die noch mehr Unterschiede aufweist. Das Kind wird seinen Eltern ähneln, aber auch den Großeltern, den Onkeln und Tanten. Und dennoch wird es anders sein. Es wird niemandem total ähnlich sehen, sondern absolut einzigartig sein.
Es ist völlig unmöglich, jemanden zu finden, der uns haargenau

gleicht – selbst wenn man die ganze Erde absucht oder in frühere Epochen zurückreisen könnte. Selbst bei Zwillingen kann man kleine Unterschiede entdecken.
Die Unterschiede zwischen einem Mann und einer Frau vermischen sich nie auf dieselbe Weise. Das sieht man bei Brüdern und Schwestern: Sie haben dieselben Eltern, bei ihnen haben sich dieselben Erbanlagen vermischt, aber dennoch immer mit einem anderen Ergebnis.
Von Urzeiten an war jeder einzelne Mensch etwas völlig Neues!

Entdecke die Unterschiede!

Nur keine Panik!

Jessica, Martin, Klaus, Paul und Aline haben sich im Wald verlaufen. Seit drei Stunden suchen sie nun schon nach der Stelle, wo sie sich mit ihren Eltern treffen wollten. Nach dem ersten Schreck schlägt Martin vor: „Nur keine Aufregung! Heute Abend schaffen wir es nicht mehr. Wir sind alle schon müde. Am besten, wir suchen uns ein Plätzchen zum Schlafen. Allerdings habe ich keine Ahnung, was man bei einer Übernachtung im Freien alles bedenken muss."
„Ich schon", meint Jessica. „In den letzten Ferien habe ich einen Kurs zum Überleben in den Bergen besucht. Wir müssen ein Feuer machen, am besten auf einer Lichtung, brauchen ein Dach über dem Kopf und legen uns ganz dicht nebeneinander." – „Ich habe immer ein Feuerzeug und mein Schweizer Messer bei mir!", sagt Klaus voller Stolz.

„Das können wir jetzt gebrauchen." Aline, die mal einen Zirkuskurs besucht hat, kann gut auf Bäume klettern. „Ich steige hoch und breche ein paar Zweige ab. Daraus bauen wir nach Jessicas Anweisungen eine Schutzhütte." Paul weiß von seinem Vater, der Apotheker ist, welche Pilze essbar sind. „Ich mache mich mal auf die Suche, damit wir nicht verhungern." Er glaubt auch, irgendwo Wasser plätschern zu hören. Vielleicht kann er dort seine Feldflasche nachfüllen.

Indem die Kinder ihr unterschiedliches Wissen zusammentragen, kommen sie bestimmt heil aus dem Schlamassel. Jeder weiß Dinge oder hat Fähigkeiten, die sich mit denen der anderen ergänzen. Und das führt zu einem tollen Ergebnis. Zu fünft sind sie stärker als einer allein.

Hoch – tief, heiß – kalt, plus – minus ...

Wenn alle Menschen genau gleich wären und alle gleich denken würden, säßen wir sicher noch in Höhlen herum! Nichts hätte sich seit der Steinzeit verändert.

Interessant wird es erst, wenn es Unterschiede gibt! Ohne Höhenunterschiede, das heißt, wenn es keine Höhen und Tiefen gäbe, würde kein Wasser fließen, das Maschinen antreibt und so Elektrizität erzeugt. Batterien funktionieren nur, weil sie

zwei unterschiedliche Pole haben: einen Plus- und einen Minuspol. Ein Auto fährt nur, wenn dem heißen Motor kühle Luft zugeführt wird.
Dank der Unterschiede ergibt sich etwas Neues. Es kommt zu Bewegung, zu Energie. Das gilt auch für uns Menschen. Dank der Unterschiede, die zwischen uns bestehen, erfinden und lernen wir und werden immer besser.

Toll, Oma! Super, Opa!

Wie schon gesagt, besteht einer der größten Unterschiede bei uns Menschen darin, dass es Jungen und Mädchen gibt. Doch leider haben sich die Menschen viel zu lange auf diesen einen Unterschied konzentriert.

Jonathan liebt es, wenn seine Großmutter ihm erzählt, wie sie Hubert kennen gelernt hat.
„Wir waren sehr ineinander verliebt", erzählt die Großmutter, „doch meine Eltern waren gegen unsere Heirat."
„Aber warum?", will Jonathan wissen. „Wenn ihr euch doch so geliebt habt."
„Meine Eltern wollten, dass ich Georg heirate. Denn Georg hatte eine gut bezahlte Arbeit und ein großes Haus, und meine Eltern waren der Meinung, dass ich darin gut meine Kinderschar großziehen könnte."
„Toll, Oma, dass du nicht auf sie gehört hast. Denn ich bin froh, dass Opa Hubert mein Großvater ist!"

Die Eltern von Jonathans Großmutter hatten wie alle Menschen damals sehr genaue Vorstellungen von der Rolle eines Ehemanns: Er musste ein starker Beschützer sein, Geld verdienen und für die Sicherheit von Frau und Kindern sorgen können.

Jonathan liebt es auch, wenn sein Großvater ihm erzählt, wie er mit Klara zusammenkam.
„Du meine Güte, was war ich in sie verliebt! Aber es war nicht einfach. Meine Eltern hielten gar nichts von einer Ehe mit Klara!"
„Aber warum?", will Jonathan wissen.
„Meine Eltern meinten, dass Franziska besser zu mir passen würde. Sie konnte gut nähen und war in Haushaltsdingen wie Kochen und Bügeln erfahren. Außerdem wirkte sie robuster als Klara, und das war wichtig fürs Kinderkriegen."
„Super, Opa! Ein Glück, dass du nicht auf sie gehört hast. Ich bin froh, dass Oma Klara meine Großmutter ist!"

Auch die Eltern von Jonathans Großvater hatten sehr genaue Vorstellungen von einer guten Ehefrau: Sie musste sich um den Haushalt und die Kinder kümmern. Wäre ein Mann zu Hause geblieben, um sich um seine Kinder zu kümmern, hätte man ihn ausgelacht. Und wenn eine Frau dies nicht tun wollte, sagte man, sie sei keine richtige Frau. Was aber, wenn nicht alle Männer Lust haben, Kriege zu führen, stark zu sein und zu herrschen? Und wenn nicht alle Frauen Lust haben, zu Hause zu bleiben? Doch über Jahrhunderte hinweg hatten sie kaum eine Wahl: Jedem wurde seine Rolle vorgeschrieben.

Einengende Rollen

Manchmal ist es noch heute so.

Tobias bastelt schrecklich gern Halsketten und Armbänder aus bunten Perlen. Er hat massenhaft Ideen, wie man die Farben kombinieren, die Größe und Formen der Perlen anordnen und die unterschiedlichen Materialien – Holz, Silber und Gold – mischen kann. Doch seinen Freunden hat Tobias seine Kunstwerke noch nie gezeigt. Er hat viel zu viel Angst davor, sie könnten ihn auslachen und ihn als Mädchen bezeichnen.

Das Problem ist: Tobias traut sich nicht, den anderen von seiner großen Leidenschaft zu erzählen, und das nur, weil er ein Junge ist. Schmuck zu basteln gilt nämlich als Mädchensache.

Wer weiß, vielleicht würde Tobias gern Schmuckdesigner werden, aber letztendlich wird er Pilot. So etwas kann passieren, wenn wir weiterhin glauben, dass Mädchen und Jungen unterschiedliche Rollen haben. Man kann sich auch in seine Rolle eingesperrt fühlen. Man steht nicht zu sich selbst, fühlt sich verpflichtet, sich anders zu geben, als man ist. Natürlich wird Tobias in seiner schicken Pilotenuniform von allen bewundert werden. Vielleicht ist er auch selbst stolz darauf. Aber wie traurig wäre es, wenn er tief in seinem Innern spürt, dass das nicht wirklich sein Traumberuf ist. Er würde eine Rolle spielen, die andere ihm auferlegt haben. Und das kommt auch heute noch gar nicht so selten vor.

Ein Junge weint nicht!

Lautes Schreien auf dem Spielplatz: Zwei Kinder sind aus dem fahrenden Karussell gefallen. Zum Glück ist keines von ihnen verletzt, aber der Sturz auf die Erde tat trotzdem ganz schön weh. Der Vater des kleinen Mädchens kommt herbeigelaufen, hebt seine Tochter auf, tröstet sie und trocknet ihre Tränen. Der Vater des kleinen Jungen nimmt seinen Sohn in den Arm, streicht ihm über den Kopf und sagt aufmunternd: „Nicht weinen! Du bist doch kein Mädchen, du bist ein Junge!"

Einen ähnlichen Spruch haben wir sicher alle schon mal gehört: ein Erwachsener, der einem Kind sagt, dass Jungen nicht weinen. Heulen dürfen offenbar nur Mädchen. Man weint aus Angst, aus Trauer, aus Schmerz, aber auch aus Freude oder vor Glück. Tränen können vieles ausdrücken, sie sind wie eine eigene Sprache. Doch warum sollte diese Sprache nur den Mädchen vorbehalten sein? Jungen haben auch Augen und Tränendrüsen – das sind kleine Säckchen im Inneren der Augen, die Tränen produzieren. Und dass es in diesem Punkt einen Unterschied zwischen Mädchen und Jungen geben soll, ist schlichtweg erfunden.

Verkappter Junge, verkapptes Mädchen!

Miranda will Thai-Boxen lernen, doch ihre Mutter meint, das sei nur etwas für Jungen.

Peter liebt Stepptanz, es macht ihm einen Riesenspaß. Aber seine Freunde sagen, dass er ein Weichei ist, tanzen sei doch Mädchenkram.

Elsa spielt in einer Mädchenmannschaft Fußball. Sie ist sehr gut und schießt viele Tore. Ihre Freundinnen sagen, sie sei ein verkappter Junge.

Lukas kämmt schrecklich gern die Puppen seiner Schwester. Das gefällt seinem Vater gar nicht, denn sobald er Lukas dabei ertappt, schlägt er ihm vor, mit ihm zusammen mit der Autorennbahn zu spielen. Lukas spürt, dass sein Vater ihn von den Puppen ablenken will.

Helene will Feuerwehrfrau werden. Ihre Eltern sagen, das solle sie sich gut überlegen, denn es sei ein Männerberuf.

Verkappt bedeutet missraten. Aber es gibt keine missratenen Jungen. Und auch keine missratenen Mädchen.

Wenn man zu einem Mädchen sagt, es sei ein verkappter Junge, dann will man nicht, dass es bestimmte Eigenschaften hat, stark, mutig und furchtlos ist. Eigenschaften, die man an einem Jungen hingegen sehr schätzt!

Das gilt auch, wenn man zu einem Jungen sagt, er sei ein verkapptes Mädchen. Dann will man nicht, dass er Eigenschaften hat wie Sanftheit, Einfühlungsvermögen ...

Dabei sind das Eigenschaften, die man bei Mädchen sehr wohl schätzt! Es sieht ganz so aus, als wären bestimmte Eigenschaften für manche Menschen tabu.

Rollentausch?

In der heutigen Zeit werden Jungen und Mädchen, Männer und Frauen weniger als früher in bestimmte Rollen gezwängt. Man achtet mehr auf die jeweilige Persönlichkeit, den Charakter, die Begabungen und Wünsche ... Aber noch heute fällt es manchen Menschen schwer, die traditionellen Rollen zu vergessen. Solche Vorstellungen sind zwar nicht mehr so ausgeprägt wie zu Zeiten von Jonathans Großeltern, aber es gibt sie trotzdem! Klar, diese angestammten Rollen hatten viele Jahrhunderte lang Gültigkeit und geraten deshalb nicht so rasch in Vergessenheit.

Volker ist Koch in einem Restaurant, Marie Telefonistin. Sie haben vor kurzem ein Kind bekommen. Marie hört auf zu arbeiten und bleibt zu Hause. Ganz leicht wird es allerdings nicht werden, denn nun haben sie weniger Geld als früher. Doch Volker macht in Zukunft Überstunden, damit er etwas mehr verdient.

Die Geschichte könnte heutzutage aber auch so lauten:

Volker ist Koch in einem Restaurant, Marie Telefonistin. Sie haben vor kurzem ein Kind bekommen. Volker hört auf zu arbeiten und bleibt zu Hause. Ganz leicht wird es allerdings nicht werden, denn nun haben sie weniger Geld als früher. Doch Marie macht in Zukunft Überstunden, damit sie etwas mehr verdient.

Die zweite Geschichte würde den meisten Erwachsenen komisch vorkommen. Sie hätten kein Verständnis dafür, dass Volker in Zukunft Hausmann ist und sich um das Baby kümmert. Wie leichtsinnig von ihm, einen sicheren Arbeitsplatz aufzugeben! Vielleicht hätte er in drei Jahren sein eigenes Restaurant aufmachen können. Manche werden auch sagen, dass Marie auf keinen Fall Überstunden machen sollte. Sie sollte lieber früher nach Hause gehen.
Die erste Version hingegen, in der Marie ihren Beruf aufgibt, werden viele absolut normal finden. Und alle werden Volker bewundern, weil er so fleißig Überstunden macht.

Klempnerin, Aupair-Junge

Karin muss lernen, wie man mit Wörterbüchern umgeht. Sie hat eine Liste mit Wörtern, die sie nachschlagen soll, um die Bedeutung herauszufinden. Diese Wörter sind: Feuerwehrmann, Matador, Wildhüter, Höhlenforscher, Stabhochspringer und Angsthase. Karin geht in die Schulbibliothek, schlägt das Wörterbuch für Acht- bis Zwölfjährige auf und findet:

✦ Feuerwehrmann:
Mann, dessen Aufgabe es ist, Brände zu löschen.
✦ Matador:
Spanischer Begriff für den Mann, der bei einem Stierkampf den Stier tötet.
✦ Wildhüter:
Mann, der das Rotwild in Privatwäldern beschützt und versorgt.
✦ Höhlenforscher:
Person, die Grotten, Abgründe und unterirdische Flüsse erforscht.
✦ Stabhochspringer:
Person, die mit einem sehr langen Stab über sehr hohe Hindernisse springt.
✦ Angsthase:
Ängstliche Person, der es an Kraft und Mut fehlt.

Karin wundert sich. Bei Höhlenforscher, Stabhochspringer und Angsthase steht „Person, die …“. Ein Angsthase kann folglich ein Mädchen oder ein Junge sein. Okay, ganz normal. Doch bei Feuerwehrmann, Matador und Wildhüter steht „Mann, der …“. Komisch! Dabei hat Karin erst neulich im Fernsehen eine Reportage über eine weibliche Matadorin gesehen, die lange blonde Haare hatte. Und unter den Feuerwehrleuten und Wildhütern gibt es auch Frauen! Auf einmal kommt Karin ein lustiger Gedanke: „Wer weiß, vielleicht glauben die Leute, die dieses Wörterbuch geschrieben haben, dass man ’nen Penis haben muss, um damit das Feuer zu löschen.“

Sehr lange Zeit waren bestimmte Berufe den Männern vorbehalten, andere den Frauen. Oder mehr noch: Häufig durften Frauen gar keinen Beruf ausüben. Und wenn man in diesem Wörterbuch liest, könnte man glauben, dass auch heute noch nur ein Mann zur Feuerwehr gehen oder als Matador oder Wildhüter arbeiten kann. Dafür gibt es aber keinen Grund: Alle Vorbehalte gegen Frauen in Männerberufen sind aus der Luft gegriffen, galten aber jahrhundertelang als wahr.

Und trotzdem fallen auch heute noch viele Leute aus allen Wolken, wenn sie einen Klempner kommen lassen und plötzlich eine Frau vor ihnen steht! Oder wenn sie ihren Wagen zur Reparatur bringen und die Schlüssel einer Mechanikerin aushändigen müssen. Oder andersherum: wenn sie eine Betreuung für ihr Kind suchen und sich ein junger Mann um die Stelle bewirbt.

Tja, und was passiert, wenn der Aupair-Junge und die Mechanikerin sich ineinander verlieben? Dann …

Ein Zaubertrank

Seit zwei Stunden rennt Julia nun schon durch ihr Zimmer. Carmen, ihre kleine Schwester, späht durch das Schlüsselloch: Julia probiert ein Kleid nach dem anderen an, stellt sich vor den Spiegel und dreht sich hin und her, kämmt sich so, dann wieder so, lackiert sich die Nägel, macht die Farbe wieder ab und nimmt eine neue. Sie probiert diverse Schuhe an, nimmt ihre Ohrringe heraus, streift sich probeweise zwei Armreife über ... Julia spinnt, denkt sich Carmen. Aber sie hat einen bestimmten Verdacht. Seit drei Tagen erzählt Julia all ihren Freundinnen am Telefon, dass sie mit einem gewissen Mark oder Markus verabredet ist. Plötzlich muss Carmen schnell zur Seite springen: Julia stürmt aus dem Zimmer und fragt ihren Vater, ob er ihr den Wagen leiht. Und als sie das Haus verlässt, ruft sie noch, dass sie nicht zum Mittagessen und vermutlich auch nicht zum Abendessen zurück ist.

Carmen geht in das Zimmer ihrer großen Schwester, setzt sich auf das Bett und blickt ratlos auf das Durcheinander. Julia scheint übergeschnappt zu sein. Doch andererseits muss es sich auch toll anfühlen, verliebt zu sein. Carmen beneidet Julia. Und obwohl sie zurzeit alle Jungen noch doof findet, hofft sie insgeheim, dass sie sich eines Tages auch bis über beide Ohren verlieben wird.

Das hofft jeder. Verliebt zu sein ist das Schönste und Wichtigste, was zwischen Jungen und Mädchen passieren kann. Wichtig deshalb, weil es uns verändert: Wenn man verliebt ist, hat man plötzlich Unmengen von Energie ... Das wirkt fast wie ein Zaubertrank.

Verliebt sein

Auf Englisch sagt man: to fall in love. Man „fällt" also „in die Liebe". Ein schöner Ausdruck, nicht wahr? Kein Mensch fällt absichtlich hin. Man sagt sich nicht: „So, in zwei Minuten werde ich fallen." Erst wenn man am Boden liegt, merkt man, dass man gefallen ist. Vorher nicht. Außer natürlich, man ist ein Clown und stolpert mit Absicht!
Deshalb kann man auch nicht vorhersehen oder im Voraus planen, dass man „in die Liebe fällt". Dass man verliebt ist, merkt man erst, wenn es schon passiert ist. Und selbst dann kann man nicht sagen, wie es weitergeht, ob die Liebe zwei Minuten, ein Jahr oder hundert Jahre lang hält.
Die Liebe ist ein Abenteuer, gegen das fast niemand gefeit ist. Und das wird vermutlich bis in alle Ewigkeit so bleiben. Und wie jedes große Abenteuer macht einem die Liebe gleichzeitig Angst und viel Freude.

Mädchen sind doof. Jungen sind doof. Oder?

Welches Mädchen hat nicht mindestens schon einmal gedacht: „Jungen sind doof!"?
Welcher Junge hat nicht mindestens schon einmal gedacht: „Mädchen sind doof!"?
Das gibt natürlich nicht jeder zu. Doch wenn Erwachsene sich an ihre Kindheit erinnern, müssen sie sich eingestehen, dass ihnen dieser Gedanke von früher her nicht fremd ist. Damals auf dem Schulhof waren auch sie – zusammen mit ihren Freundinnen oder Freunden – der festen Meinung, dass die Sache mit dem Verliebtsein total doof ist.
Doch eines Tages traf die junge Frau von damals einen jungen Mann, bei dessen Anblick ihr Herz schneller schlug. Und auf einmal fand sie, dass dieser eine, ganz bestimmte junge Mann anders war als all die anderen.
Und eines Tages traf der junge Mann von damals ein Mädchen, bei dessen Anblick sein Herz schneller schlug. Und dieses eine, ganz bestimmte Mädchen fand er anders als all die anderen Mädchen auf der Welt.
Es ist völlig unerklärlich, warum auf einmal nicht mehr alle Jungen doof sind. Dieser eine Junge ist plötzlich umwerfend! Warum das so ist, weiß kein Mensch.

Wir wissen sehr wohl, dass Schönheit nichts mit „gut" sein zu tun hat und Hässlichkeit nichts mit „böse". Aber warum sagt man dann, dass es eine „schöne" Tat war, wenn jemand etwas Gutes getan hat? Und wenn jemand etwas Böses tut, warum sagt man dann, es sei „hässlich" gewesen?

Schön und hässlich

Schön und hässlich

Das schöne Heft ... 39
Ich bin hässlich ... 40
Das Kuscheltier in den Müll werfen? ... 41
Das hässliche Entlein ... 42
Zwölf Milliarden Augen ... 44
Schön wie ein Engel! ... 45
Alle Hässlichkeit verfliegt ... 46
Wahre Hässlichkeit ... 47
Marienkäfer oder Regenwurm? ... 49
Eine unsichtbare Mauer ... 49
Großmutter überwindet die Mauer ... 50
Fragen an ein Superhirn ... 52
Erzählt mir von Laura! ... 53
Männer und Frauen als Objekte ... 54
Picasso als Schüler: Eine glatte Sechs! ... 55
Berührt sein 56
Mit der Nase auf der Lenkstange ... 57
Lust ... zum Lusthaben ... 57
Der grüne Sonnenstrahl ... 58

Das schöne Heft

Das neue Schuljahr beginnt, und Malik hat sich neue Hefte und einen neuen Füllfederhalter gekauft. Schon am ersten Tag muss er Mathehausaufgaben machen. Das ist zwar nicht sein Lieblingsfach, doch mit dem neuen Heft und dem neuen Füller macht es ihm richtig Spaß. Er strengt sich an, damit sein neues Heft auch schön bleibt.

Am Ende des letzten Schuljahrs hat Malik in aller Eile etwas in sein Heft geschmiert. Wie es aussah, war ihm egal, denn das Heft war ohnehin schon zerfleddert und hässlich. Doch plötzlich macht es ihm Spaß, schöne, ordentliche Zahlen zu schreiben und gerade Linien zu ziehen.

Wenn der Eingangsflur unseres Hauses hässlich und verdreckt ist, die Scheiben und die Eingangstür kaputt sind, passen wir nicht groß auf – wir putzen unsere Schuhe nicht ab und werfen Papierschnipsel achtlos auf den Boden. Wenn wir dagegen in einem gepflegten Park ein Picknick machen, auf einem schönen Rasen mit hübschen Blumen, denken wir eher daran, hinterher unseren Abfall wieder einzusammeln. Ist der Park aber vergammelt und liegt überall Müll herum, sind wir nachlässiger.

Etwas Hässliches ist einem oft egal. Man sagt sich, dass es keine Rolle spielt, ob es etwas mehr oder weniger hässlich ist.
Von schönen Dingen umgeben zu sein ist nicht nur für die Augen ein Vergnügen. Schönheit beeinflusst uns, unsere Stimmung, unsere Wünsche, unser Handeln. Schöne Dinge verändern die Farbe unserer Gedanken: Die Schönheit eines Musikstücks, die Sterne bei Nacht, eine schöne Statue, ein bunter Regenbogen bauen uns auf. Schönheit erinnert uns daran, wie schön das Leben sein kann.

Ich bin hässlich

„Ich hab's satt. Ich habe meine Nase satt, meine Pickel, meine viel zu dünnen Haare, meine Brille, meine schiefen Zähne, mein ganzes Gesicht! Ich finde mich hässlich, abgrundtief hässlich."

Man kann sogar noch hinzufügen: „Ich verabscheue mich."
Wenn jemand sagt, dass er sich hässlich findet, meint er das häufig gar nicht wörtlich. Es ist eher ein Anzeichen dafür, dass etwas anderes nicht stimmt, dass der oder die Betreffende Probleme hat, sich nicht wohl in der eigenen Haut fühlt, sich wertlos, uninteressant und allen anderen unterlegen fühlt.

Mal ehrlich – wie fühlt man sich, wenn man einen netten Brief bekommen hat, zu drei Partys gleichzeitig eingeladen wird und für seinen Aufsatz gelobt wird? Fühlt man sich nicht auf einen Schlag weniger hässlich? Dabei hat sich nach außen hin nichts verändert, man hat immer noch dasselbe Gesicht. Wenn man sich geliebt fühlt, geschätzt oder bewundert, fühlt man sich auch gut.
Wir Menschen betrachten gerne schöne Dinge, das stimmt, doch es stimmt auch, dass Schönheit für jeden etwas anderes ist.

Das Kuscheltier in den Müll werfen?

„Was ist denn das Scheußliches?", sagt Nina zu ihrer Tochter Anna.
Sie hat unter Annas Bett einen alten Teddybären entdeckt. Er ist schmutzig, zerlumpt, und ihm fehlen ein Bein, ein halbes Ohr und ein Auge.
„Pfui, und außerdem stinkt er auch", fährt Nina angewidert fort. „Ich schmeiße ihn weg!"
„Nein!", ruft Anna erschrocken aus. „Du kannst all meine anderen Stofftiere wegwerfen, aber nicht diesen Teddy!"
Anna fischt ihren alten Teddy wieder aus dem Müll. Er ist ihr Schmusetier. Sie hängt sehr an ihm und würde ihn um nichts auf der Welt hergeben.

Wenn dieser Teddybär in einem Schaufenster läge, würde Anna vermutlich nicht zweimal hinschauen. Sie fände ihn scheußlich und würde keinen Cent für ihn ausgeben. Doch hier in ihrem Zimmer findet sie ihn wunderschön. Mit dieser Meinung steht sie aber sicher ganz allein da.

Mit ihrem Teddy verbindet Anna viele schöne Erinnerungen. Beim Einschlafen hält sie ihn im Arm. Als sie noch klein war, brauchte sie ihn, wenn sie Angst hatte oder sich einsam fühlte. Ihm hat sie all ihre Geheimnisse anvertraut. Sie mag sogar seinen Geruch und reibt oft ihre Wange an seinem dicken Bauch.
Anna liebt ihren Teddy, aber nicht etwa, weil sie ihn schön findet. Sie findet ihn schön, weil sie ihn liebt!
Die Liebe und Zuneigung, die wir für bestimmte Dinge oder Menschen empfinden, machen diese in unseren Augen schön. Die Gefühle, die wir für sie hegen, verleihen ihnen eine Schönheit, die man mit bloßem Auge nicht sehen kann.

Das hässliche Entlein

Sina geht nicht gern zur Schule. Dabei ist sie eine gute Schülerin. Doch sie hat Komplexe, weil sie mit Abstand die Kleinste ist, und seit sie eine Zahnspange trägt, traut sie sich auch nicht mehr zu lächeln. Sie mag ihren neuen Haarschnitt nicht, und zudem hat sie neuerdings auch noch drei Pickel auf der Nase. Die große Pause ist für Sina immer ein Albtraum. Sie verdrückt sich in eine Ecke, und selbst wenn die anderen sie zum Mitspielen auffordern, schüttelt sie nur traurig den Kopf.

Sina lässt den Kopf und die Schultern hängen. Sie kapselt sich ab, fühlt sich wie ein hässliches Entlein, das alle ablehnen. Sie tut alles, um ja keine Aufmerksamkeit auf sich zu ziehen, und tatsächlich – es klappt! Irgendwann achtet wirklich niemand mehr auf sie. Sina sitzt in einer Falle. Sie fühlt sich hässlich, und folglich versteckt sie sich. Und da sie sich versteckt, bemerkt sie niemand. Und weil sie niemand bemerkt, glaubt sie, hässlich zu sein, und deshalb versteckt sie sich, und folglich ... So ein Kreislauf könnte jahrelang weitergehen.

Am Montag kommt ein neuer Junge in die Klasse.
Er heißt Frederik. Der Lehrer bittet Sina, Frederik die Schule zu zeigen. Sina führt ihn durch die Schulbücherei, die Cafeteria, die Sporthalle und den Aufenthaltsraum. Sie sagt nicht viel, doch Frederik redet ununterbrochen und erzählt Witze, hauptsächlich Blondinenwitze. Sina, die braune Haare hat, muss lachen. „Komisch, du lachst genau wie Caroline", sagt Frederik auf einmal.
„Wer ist Caroline?"
„Meine beste Freundin auf der alten Schule", antwortet Frederik. „Und ich finde, du siehst ihr auch ähnlich."
Frederik und Sina freunden sich an und beschließen, gemeinsam das nächste Schulprojekt vorzubereiten. Da Frederik keinen Computer hat, kommt er zu Sina nach Hause, und sie arbeiten zusammen.

Sina ist auf einmal nicht mehr wiederzuerkennen. Sie steht in der Pause nicht mehr einsam in einer Ecke, sie lacht und redet mit den anderen. Sie hat keine Komplexe mehr und versteckt sich nicht mehr. Folglich fällt sie den anderen auf, und deshalb fühlt sie sich weniger hässlich. Sie findet sich immer wohler in ihrer Klasse, immer weniger hässlich ... und so führt eins zum anderen.

„Die kurzen Haare stehen dir gut", sagt Lydia.
„Aber ich habe sie doch schon vor zwei Wochen schneiden lassen!", wundert sich Sina.
„Echt? Das ist mir gar nicht aufgefallen. Aber es steht dir supergut", meint Lydia.

Bisher war niemandem aufgefallen, wie hübsch Sina ist. Klar, sie war so sehr davon überzeugt, hässlich zu sein, dass es schließlich auch die anderen glaubten. Sie benahm sich wie jemand, den man kaum anschauen kann. Und nach und nach wurde sie tatsächlich zu einem Mädchen, das niemand ansah.
Ob jemand schön oder hässlich ist, sieht er nicht im Spiegel, sondern er fühlt es in seinem Inneren. Und was man im Spiegel sieht, hängt sehr stark davon ab, was man fühlt!

Zwölf Milliarden Augen

Zum Muttertag haben die Erstklässler für ihre Mütter ein Bild gemalt. Pascal hat eine große Sonne und viele Vögel gemalt.
„Wie schön!“, ruft seine Mutter und umarmt ihn. „Ich werde es einrahmen und im Wohnzimmer aufhängen.“

Klar, hätte ein berühmter Künstler dasselbe Motiv gemalt, fänden die meisten es sicher schöner. Aber nicht Pascals Mutter: Für sie wäre das Bild ihres Sohnes sicher noch immer tausendmal schöner. Warum? Weil sie in Pascals Bild nicht nur die Striche, Farben und Formen sieht. Sie sieht auch Pascals Wunsch, ihr eine Freude zu machen, seinen Stolz, mit dem er ihr sein Bild überreicht hat, seine Ideen, seine Mühe ... All diese Dinge machen das Bild in den Augen der Mutter ungeheuer schön. Doch diese Schönheit können andere vermutlich nicht sehen.

„Mama, das soll wohl ein Witz sein! Du willst diese Kleckserei doch nicht etwa im Wohnzimmer aufhängen, oder?“, meckert Fabian, Pascals großer Bruder.

Die Schönheit, die wir bei manchen Menschen, in bestimmten Kunstwerken, in einer Landschaft, einem Gedicht, einem Foto, dem Gezwitscher von Vögeln, einem Lied, einem Klavierstück und so weiter wahrnehmen, hängt davon ab, was uns diese Menschen, Kunstwerke, Landschaften, Gedichte oder Musikstücke sagen.
Man kann einen verhutzelten, alten Seemann schön finden, weil seine Falten von der Sonne, von vielen Ozeanüberquerungen, dem Geschmack des Salzwassers, Segelbooten und Abenteuern erzählen ...
Niemand kann Schönheit genau definieren; niemand kann bestimmen, was alle anderen schön oder hässlich zu finden haben. Es gibt auf unserer Erde über sechs Milliarden Menschen und folglich über zwölf Milliarden Augen und Ohren, die keineswegs alle auf dieselbe Art und Weise sehen und hören.

Schön wie ein Engel!

Wenn sie von ihrem Baby sprechen, sagen alle Väter und Mütter der Welt: „Es ist schön wie ein Engel!“ Und wer verliebt ist, sagt von dem geliebten Menschen, er oder sie sei schön wie ein Gott oder eine Göttin.
Doch wer weiß schon, wie Engel oder Götter aussehen? Davon haben die wenigsten Menschen eine genaue Vorstellung. Trotzdem wird nicht lange diskutiert: Gott oder die Engel müssen – sofern es sie überhaupt gibt – bildschön sein! Götter, die Glupschaugen, ein zahnloses Lächeln, eine Triefnase oder grünliche Haut haben, sind zwangsläufig keine Götter mehr, sondern Teufel. Und folglich Bösewichte. Die bösen Hexen in den Märchen sind nie schön, und wenn sie sich schön machen, dann nur, um den anderen vorzugaukeln, sie seien

gut. Es ist ganz einfach, jemanden zu zeichnen, der böse ist: Man braucht ihn nur hässlich zu zeichnen.

Dabei wissen wir alle ganz genau, dass Schönheit nichts mit Gutsein zu tun hat – ebenso wenig wie hässlich automatisch böse bedeutet. Aber warum sagt man dann, wenn jemand etwas Gutes getan hat, es sei eine schöne Tat gewesen? Und wenn jemand etwas Böses tut, warum sagt man dann, er tue etwas Hässliches, etwas Scheußliches – ja, er selbst sei scheußlich?

Alle Hässlichkeit verfliegt

Auf den ersten Blick fand Timo den Außerirdischen E.T. mit seinem dicken Kopf, dem schuppigen Körper und den viel zu großen Händen so hässlich, dass er sogar Angst vor ihm bekam.

Jemand, der körperlich hässlich ist, macht uns Angst. Hässlichkeit schockiert uns; und wenn wir jemanden sehr hässlich finden, sagen wir, er sei abstoßend – so, als würde sein Aussehen jede körperliche Nähe unmöglich machen. Wenn wir hässlichen Wesen begegnen, weichen wir im ersten Moment zurück.

„Nach dem Film fand ich E.T. auf einmal richtig süß. Ich hatte auch keine Angst mehr vor ihm, sondern hätte ihn am liebsten in den Arm genommen. Menschen machen einem viel mehr Angst", sagt Timo.

Timo hatte neunzig Minuten lang Zeit, sich an E.T.'s Aussehen zu gewöhnen. Er hat gesehen, wie E.T. und der kleine Junge aus dem Film dicke Freunde wurden. Timos erster Eindruck verblasste. E.T.'s anfängliche Hässlichkeit wurde von etwas anderem verdrängt: von Gefühlen. Timo entdeckte, dass E.T. ein ganz süßer Kerl ist. Dabei sah der Außerirdische noch immer gleich aus: Er hatte nach wie vor denselben dicken Kopf, die schuppige Haut, dieselben Hände. Und doch fand Timo ihn plötzlich nicht mehr hässlich! Jeder, der diesen Film sieht, bekommt Lust, das kleine grüne Monster mit dem unförmigen Körper zu streicheln und zu knuddeln. Hässliches Aussehen wirkt also nur auf den ersten Blick abstoßend.

Wahre Hässlichkeit

Wenn Herr Delmer das Haus verlässt, um seinen Hund Gassi zu führen, wechseln die Dorfbewohner die Straßenseite, um ihm aus dem Weg zu gehen. Alle meiden ihn. „Ich kann ihm nicht einmal in die Augen blicken, wenn ich ihm sein Wechselgeld gebe", sagt der Mann vom Zeitungskiosk. „Er ist einfach abstoßend."

Dabei sieht Herr Delmer kein bisschen hässlich oder abstoßend aus.

Doch man muss Folgendes wissen: Im letzten Weltkrieg hat Herr Delmer seine jüdischen Nachbarn an die Behörden verraten. Damals wurden Juden in Deutschland und einigen anderen Ländern verhaftet, in eigens errichteten Lagern unter schlimmsten Bedingungen gefangen gehalten oder getötet, nur weil sie Juden waren. Auch die Nachbarn von Herrn Delmer wurden verhaftet und in ein Konzentrationslager geschickt. Diese Familie besaß viel Land, und da Herr Delmer sie angezeigt hatte, bekam er all ihre Grundstücke. Nach dem Krieg musste er zwar ins Gefängnis, doch inzwischen ist er wieder frei. Aber niemand im Dorf hat diese Sache vergessen.

Herr Delmers Hässlichkeit hat nichts mit seinem Äußeren zu tun. Doch wer ihn anschaut, muss automatisch an das Böse denken, das er getan hat. Diese Hässlichkeit klebt an ihm – wahre Hässlichkeit, die nichts mit einer schiefen Nase, einem dicken Kugelbauch oder einer pickligen Haut zu tun hat.
Richtig hässlich ist nur der, der etwas Böses getan hat. Dadurch wird dieser Mensch „moralisch" hässlich.

Marienkäfer oder Regenwurm?

Wenn du dich in ein kleines Tierchen verwandeln müsstest, dann sicher lieber in einen Marienkäfer als in einen Regenwurm, nicht wahr? Einen Marienkäfer lässt man gern auf den Fingern herumkrabbeln, steckt ihn vielleicht in eine Streichholzschachtel, füttert ihn mit etwas Salat und ... lässt ihn dann wieder fliegen. Marienkäfern tut man nichts. Einen Regenwurm achtlos zu zertreten macht hingegen den meisten von uns nichts aus!

Warum ist das so? Ganz einfach: Marienkäfer finden wir niedlich, Regenwürmer hässlich und abstoßend.
Marienkäfer töten wir nicht, weil wir für ihre Schönheit empfänglich sind. Mehr noch: Ihre Schönheit macht uns empfindsam und bringt sie uns näher.

Eine unsichtbare Mauer

„Wie du herumläufst! Deine Hose hängt viel zu tief, so tief, dass man sogar deinen Bauchnabel sehen kann. Und dann diese scheußlichen Schuhe und dieses Shirt, das mindestens drei Nummern zu groß ist! Man könnte fast glauben, du machst dich mit Absicht hässlich!"
Sophias Tante findet es scheußlich, wie ihre Nichte sich kleidet.

„Und diese grässliche Musik, die du dauernd hörst! Wie kannst du eine Band mögen, deren Sänger gar nicht singt, sondern nur redet?“ Dabei findet Sophia Rap sehr schön. „Ich begreife nicht, was du an diesem Typen schön findest!“, schimpft Sophias Tante, als sie das Poster von Johnny Depp in Sophias Zimmer erblickt. „Der sieht ja wie ein Vollidiot aus!“

Man spürt, dass Sophia und ihre Tante nicht dieselbe Wellenlänge haben! Es ist, als gäbe es zwischen ihnen eine dicke, unsichtbare Mauer. Ihre Tante hat selbstverständlich das Recht, Sophias Klamotten, Rap oder Johnny Depp abzulehnen. Und Sophia hat das Recht, einen anderen Geschmack zu haben als ihre Tante. Im Grunde genommen ist es nicht ihr unterschiedlicher Geschmack, der sie trennt, und zum Glück verstehen wir uns nicht nur mit den Menschen gut, die genau denselben Geschmack haben wie wir. Nein, was die beiden trennt, ist vielmehr, dass sich die Tante kein bisschen dafür interessiert, was Sophia gefällt. Und ihre gefühllose Art zu kritisieren, kommt noch hinzu.

Großmutter überwindet die Mauer

„Lass mich mal deine Musik hören“, sagt Sophias Großmutter zu ihrer Enkelin.
Sophia setzt ihr die Kopfhörer auf, wobei sie versucht, Großmutters Dutt nicht zu zerzausen. Schweigend hört sich die Großmutter zwei Stücke an, ehe sie sich wieder an Sophia wendet.

„Und was magst du an dieser Musik so sehr?"
Prompt fängt Sophia an zu erzählen und will gar nicht mehr aufhören.

Man spürt, dass die beiden sich mögen und gern diskutieren! Indem die Großmutter sich dafür interessiert, was Sophia gefällt, überwindet sie die Mauer und lässt sich auf Sophias Welt ein. Rapmusik interessiert sie zwar nicht besonders, und sie mag auch weder Baggyhosen noch Johnny Depp. Doch sie interessiert sich für Sophia, sie liebt ihre Enkelin und möchte wissen, was ihr gefällt und was sie fühlt ...
Sich für das zu interessieren, was andere schön finden, bedeutet, sich für die anderen zu interessieren, auf sie zuzugehen. Deshalb muss man noch lange nicht ihren Geschmack übernehmen und seine eigenen Vorlieben fallen lassen. Man muss lediglich die Mauern überwinden, Türen öffnen und sich auf die Welt der anderen einlassen.

Fragen an ein Superhirn

Herr Perl ist eine wandelnde Enzyklopädie: Er weiß einfach alles. Er hat ganze Wörterbücher auswendig gelernt, weiß alles über Malerei, Bildhauerei, Literatur ... Wenn er zum Beispiel über Ägypten spricht, ist er unschlagbar: Er kennt die Namen sämtlicher Pharaonen, ihrer Ehefrauen, weiß, wie lang der Nil ist, wie hoch die Pyramiden sind ... Einfach unglaublich! Neulich hat Judith ihn gefragt, warum die alten Ägypter Skarabäen so schön fanden.

„Keine Ahnung", hat Herr Perl geantwortet. Doch dafür konnte er aufzählen, welche Gräber mit den schönsten Skarabäus-Bildern geschmückt sind.

„Und warum lieben die Japaner Sumo-Ringer? Ich finde diese Kolosse überhaupt nicht schön!", fragte Judith weiter.

Auch dazu konnte Herr Perl nichts sagen, doch dafür zählte er die Namen der bekanntesten Sumo-Ringer auf und alle Wettkämpfe, an denen sie in den letzten zehn Jahren teilgenommen hatten.

Herr Perl hortet Wissen, doch was nützt es ihm? Damit er bei „Wer wird Millionär" mithalten kann, wenn er allein vor seinem Fernseher sitzt? Man hat nicht den Eindruck, dass er sein Wissen dazu benutzt, auf andere zuzugehen.

Wenn er sich selbst fragen würde, warum die alten Ägypter Skarabäen so schön fanden, würde er versuchen, sich in sie hineinzuversetzen, um herauszufinden, was sie in diesen Käfern sahen. Erst dann könnte es ihm gelingen, sie und ihre Epoche von Grund auf zu verstehen. Er würde Schönheiten entdecken, die er sich niemals erträumt hätte, und

fortan vielleicht sogar die Insekten in seinem Garten mit ganz anderen Augen sehen ...
Auch die Japaner kann man besser verstehen, wenn man begreift, warum sie ihre gepflegten Gärten und ihre gewaltigen Sumo-Ringer lieben.
Lernt man einen Menschen wirklich kennen, indem man ihn nach seinem Alter, seiner Körpergröße und seinem Gewicht fragt? Oder indem man ihn fragt, was er mag, um so seine Vorlieben zu entdecken?

Erzählt mir von Laura!

„Sie sieht spitze aus, ist etwa 1,70 m groß, wiegt um die 60 kg, hat mandelförmige grüne Augen und glatte, blonde Haare, etwa schulterlang. Und ihre Beine – der Wahnsinn! Hm, was gibt es sonst noch über sie zu sagen? Ich würde irrsinnig gern mit ihr gehen." (Erik)
„Sie sieht spitze aus, ist eher intellektuell, aber trotzdem steht sie auf Fußball und will später mal Tierärztin werden. Ihr großer Traum ist es, afrikanische Wildreservate zu besuchen. Ihrer Meinung nach gibt es nichts Tolleres, als Panter in freier Wildbahn zu beobachten. Komm ihr ja nicht mit Zoos und Zirkussen, da dreht sie durch! Ich würde irrsinnig gern mit ihr gehen!" (Fabian)

Erik und Fabian sind sich einig: Laura ist schön. Doch wenn man die beiden hört, merkt man rasch, dass sich nur einer von ihnen wirklich für Laura interessiert, während der andere irgendwo stecken geblieben ist, genau wie Herr Perl.

Männer und Frauen als Objekte

Etwa ein Dutzend Männer und Frauen stolzieren in Badekleidung über die Bühne. Alle legen denselben Weg zurück: Sie gehen auf die Jury zu, die Männer zeigen ihre Bizepse, die Frauen stützen die Hände auf die Hüften und schieben den Oberkörper nach vorne, dann drehen sie um und gehen zu den Umkleideräumen zurück. Auf diese Weise kann jeder sie von allen Seiten sehen.
Die Jurymitglieder geben ihre Bewertungen ab, und der Mann und die Frau mit der höchsten Punktzahl gewinnen den Schönheitswettbewerb.

Es gewinnen der Mann und die Frau, die die richtige Größe, das richtige Gewicht, die nötigen Kurven, die ebenmäßigsten Zähne, den knackigsten Hintern und die längsten Beine haben ... Bei Schönheitswettbewerben geht es nicht um wahre Schönheit. Es geht lediglich darum, wie man im jeweiligen Jahr aussehen muss, um in den Zeitschriften und für die Werbespots im Fernsehen gut für Shampoos, Rasierer oder Autos werben zu können. Die Teilnehmer an Schönheitswettbewerben werden nicht als Personen, sondern als Objekte angesehen, und diese Objekte müssen bestimmte Maße haben, die irgendjemand festgelegt hat. Genauso gut könnte die Jury Torten oder Blumentöpfe benoten.
Mit wahrer Schönheit hat das alles nichts zu tun. Denn diese wird von Gefühlen, von Freude bestimmt.

Picasso als Schüler: Eine glatte Sechs!

Lydia weint, als sie von der Schule kommt. Ihr Bild wurde mit einer Fünf benotet. „Ich finde mein Bild schön", schluchzt sie. „Warum habe ich eine so schlechte Note bekommen?"

Es stimmt – Bilder zu benoten ist wirklich eine komische Sache. Nur wenn der Lehrer zum Beispiel die Aufgabe gestellt hätte, ein Haus zu malen, und Lydia hätte einen Baum gemalt, wäre das sinnvoll. Oder wenn die Aufgabe gelautet hätte, ein Bild mit Buntstiften zu malen und sie hätte Filzstifte verwendet. Dann hätte sie einen Fehler gemacht, und das könnte er benoten. Nicht aber das Bild selbst!
Lydia mag ihr Bild. Der Lehrer nicht. Aber wer hat Recht? Wer 2 + 2 = 5 schreibt, bekäme natürlich eine schlechte Note, doch wie kann man eine Skulptur, ein Bild, eine Zeichnung benoten? Was kann diese Note schon aussagen? Wer weiß, vermutlich hätte sogar Picasso im Kunstunterricht eine Sechs bekommen, weil er Frauen mit schiefen Augen, krummer Nase und dem Mund auf der Wange gemalt hat!
Ein blauer Stuhl ist für alle blau, und kein Mensch kann behaupten, er sei rot. Das wäre falsch. Doch es ist weder richtig noch falsch, etwas schön oder hässlich zu finden. Beurteilungen wie schön oder hässlich sind – anders als Farbe, Form oder Größe – keine eindeutige Eigenschaft eines Gegenstands.
Nicht alle finden einen schönen Stuhl schön. Irgendjemand kann ihn trotzdem hässlich finden. Schönheit ist keine Eigenschaft des Stuhls. Nur wer ihn betrachtet, kann sagen, ob er ihn schön findet oder nicht. Man sagt ja auch: „Ich finde ihn schön!", und nicht: „Ich finde ihn blau." Man kann ihn schön finden – oder nicht.

Berührt sein ...

- „Bei dieser Musik schlägt mein Herz plötzlich schneller."
- „Wenn ich einen Sonnenuntergang betrachte, kommen mir jedes Mal die Tränen."
- „Diese Sängerin hat eine so herrliche Stimme, dass ich jedes Mal eine Gänsehaut bekomme."
- „Ich liebe es, wenn im Kamin ein Feuer prasselt. Stundenlang könnte ich hineinschauen."
- „Wenn ich Gedichte lese, fühle ich mich richtig wohl."
- „Als ich in Ägypten vor den Pyramiden stand, blieb mir fast die Luft weg."

Schönheit bewirkt etwas in uns, man sagt, Schönheit berühre einen. Sie berührt etwas in uns, in unserem Herzen. Sie trifft uns sozusagen „voll ins Schwarze".

Mit der Nase auf der Lenkstange

Es gibt Menschen, die einen Wald durchqueren, ohne die Vögel zwitschern zu hören, die am Strand entlangjoggen, ohne den Sonnenuntergang zu sehen, die durch die schönsten Landschaften radeln, ohne die Nase von der Lenkstange zu heben, stundenlang schwimmen, ohne jemals mit einer Taucherbrille die Fische zu beobachten, zehn Jahre in einer Stadt wohnen, ohne die schönsten Gebäude zu bewundern, hundertmal an einer Skulptur vorbeigehen, ohne sie zu bemerken, fünfzig Jahre lang dieselben drei CDs hören ...

Man kann natürlich auch mit geschlossenen Augen und Ohren durchs Leben gehen.

- „Er hat mir beigebracht, klassische Musik zu lieben."

Dass wir erst lernen müssen, etwas schön zu finden – eine komische Vorstellung, nicht wahr? Wenn Schönheit Vergnügen bereitet, einem Freude macht, einen glücklich macht, wie kann man es dann lernen müssen? Entweder man fühlt es, oder man fühlt es nicht.
Es stimmt, man kann nicht lernen, etwas schön zu finden, doch man kann lernen, genau hinzusehen, hinzuhören und hinzufühlen.

„Sie hat mir die Augen dafür geöffnet, wie schön die Wüste ist."

Wie man richtig hinschaut, richtig hinhört, sich in etwas hineinfühlt – all das kann man lernen. Man kann sich von anderen anleiten lassen, um Schönheiten zu entdecken, die man sich nie hätte träumen lassen – verborgene Schätze.

Lust ... zum Lusthaben

Sich hässlich machen? Kein Problem! Man braucht sich nur nicht mehr zu kämmen, anziehen, was einem gerade in die Finger kommt, sich nicht mehr waschen, ordinär daherreden und beim Essen kleckern ... Man braucht sich nicht groß anzustrengen, sondern lässt sich einfach gehen! Man sagt auch nicht: „Ich mache mich hässlich", das ist unnötig. Man braucht nur nicht mehr auf sich zu achten, wird ganz passiv.
„Sich schön machen" sagt man dagegen durchaus. Das bedeutet, dass man sich entschließt, etwas für sich tun, auf sich zu achten: Man ist aktiv. Schönheit suchen, sie erschaffen und für sie empfänglich sein, drückt ein Verhalten, eine Lebensweise aus.

Eine Fahrt in den Urlaub. Bis nach Spanien sind es noch tausend Kilometer. Wo legt man eine Rast ein? Auf einer Raststätte, direkt neben den Toiletten? Oder macht man lieber einen kleinen Umweg von zehn Kilometern, um am Ufer eines schönen Flusses zu picknicken, in dem man dann auch noch kurz baden kann?

Natürlich kann man auf einer Autobahn durch die Welt oder das Leben rasen – immer schnell und geradeaus. Man kann aber auch hin und wieder einen kleinen Umweg machen, langsam fahren, suchen und die Augen offen halten. Man kann beschließen, für andere Menschen und die Schönheiten der Natur offen zu sein. Schöne Anblicke geben uns Lust, Lust auf andere, Lust zu lieben, Lust zum Handeln, Singen, Lachen, Tanzen, Rennen, Fliegen ... Und vor allem Lust, auf etwas Lust zu haben.

Der grüne Sonnenstrahl

Anne und Lars erklimmen eine Sanddüne, um die Sonne im Meer versinken zu sehen. Oben angekommen, ist Anne wie verzaubert. Der Himmel ist rötlich, orange und dunkelrot gefärbt, die Sonne ein riesiger Ball. Wie herrlich! Sie wendet sich an Lars.

„Wunderschön, nicht wahr?“, sagt sie. Doch Lars sitzt bereits im Sand und hat seinen Gameboy aus der Tasche geholt. „Ich bin gleich im höchsten Level“, brummt er. „Stör mich nicht!“

Schweigend beobachtet Anne, wie die Sonne im Meer

versinkt. Wird sie den grünen Sonnenstrahl sehen? Angeblich soll die Sonne kurz vor dem Untergehen manchmal noch einen letzten grünen Strahl aussenden.

Anne ist enttäuscht, dass Lars ihre Begeisterung nicht teilt. Doch das hindert sie nicht daran, tief bewegt und glücklich zu sein. So viel Schönheit berührt sie, auch wenn sie ihre Gefühle nicht mit Lars teilen kann.
Ehe sie die Düne bestiegen, waren sie skaten, haben eine Pizza und ein Eis gegessen. Sie haben schöne, glückliche Momente miteinander erlebt.
Doch das Glücksgefühl, das Schönheit in uns erweckt, ist etwas anderes. Der Anblick von etwas Schönem weckt ganz, ganz tiefe Gefühle in uns. Und diese Gefühle würden wir gern an andere weitergeben, sie mit jemandem teilen.
Wenn man einen malerischen Sonnenuntergang oder Mondaufgang erlebt, vor dem Ozean oder unter dem Sternenhimmel steht, ein Musikstück hört oder ein Kunstwerk betrachtet, empfindet man etwas, was schon Millionen anderer Menschen empfunden haben, und spürt, dass auch sie von so viel Schönheit berührt waren. Dann fühlt man sich mit den Menschen von früher und heute verbunden, hier und anderswo, und auch mit den Sternen, den Farben, den Gerüchen, dem Wind ... und mit dem Leben.

Patrick: „Wie ungerecht! Nur weil Marianne kleiner ist, seid ihr immer auf ihrer Seite. Sie braucht bloß zu heulen, und schon lasst ihr ihr alles durchgehen!“ Marianne: „Wie ungerecht! Nur weil Patrick größer ist, erlaubt ihr ihm alles. Er darf schon richtige Filme anschauen, ich nur doofe Zeichentrickfilme für Babys.“

Gerecht und ungerecht

Gerecht und ungerecht

Weder richtig noch falsch 63
Der Dreikönigskuchen 64
Teilen ist gar nicht so leicht! 65
Ist „gerecht" immer „gleich"? 66
Tja, was machen wir dann? 68
Gesetze können auch ungerecht sein 69
Ab heute sofortige Veränderungen! 70
Wer bestimmt, was gerecht ist? 71
Das ist ungerecht! 72
Jeder hat eine „Box der Ungerechtigkeiten" 73
Eine weitere „Box der Ungerechtigkeiten" 74
Die Menschenrechte 75
... und die Rechte der Kinder 76
Und wofür sind Strafen gut? 77
Angst vor der Polizei 78
Gerechte und ungerechte Strafen 79
Ungerechtigkeit = Gewalt 80
Wut in unserem Inneren 82

Weder richtig noch falsch

- Klemens mag Essiggurken zum Frühstück.
- Raphael trägt seine Turnschuhe ohne Strümpfe.
- Lena hüpft auf einem Bein zur Schule.
- Kevin lutscht beim Einschlafen immer am Daumen.
- Marcel hört ständig Hardrock-Musik.
- Amelie will nicht skaten.
- Lisa lackiert sich die Fußnägel schwarz.

All diese Dinge sind weder recht noch unrecht, weder richtig noch falsch. Zum Glück kann man im Leben nicht alles in richtig und falsch unterteilen. Wir müssen uns nicht alle zwei Minuten fragen, ob das, was wir gerade tun, gerechtfertigt oder ungerechtfertigt ist. Wir tun es eben, und basta. Und doch hat man manchmal den Eindruck, immer wieder von Unrecht und Ungerechtigkeiten umgeben zu sein: zu Hause, in der Schule, bei der Arbeit, den ganzen Tag lang. Wie oft sagen wir nicht: „Das ist ungerecht!"

„Es regnet, wie ungerecht! Dabei wollten wir heute auf den Jahrmarkt gehen!"
„Wie ungerecht! Während der Schulzeit werde ich nie krank, nur in den Ferien."
„Mein selbst gebackener Kuchen ist angebrannt, wie ungerecht!"
„Diana rennt schneller als ich, das ist ungerecht!"
„Wie ungerecht! Dieses Jahr ist das Meer voller Quallen, und man kann nicht einmal baden."

Sehr häufig sagen wir: „Das ist ungerecht", wenn wir in Wirklichkeit nur meinen: „Das nervt mich!"

Der Dreikönigskuchen

In Frankreich gibt es einen alten Brauch: Am 6. Januar wird ein Dreikönigskuchen gegessen, in dem eine Bohne versteckt ist. Wer sie findet, ist für einen Tag König und bekommt ein Geschenk. Anne, Dominique, Cécile und Paul versuchen zu erraten, wo sie dieses Jahr steckt, und studieren den Kuchen. Ist da nicht eine kleine Ausbuchtung? Natürlich will nun jeder dieses Stück des Kuchens haben, weil er dann die Bohne bekommt. Wie soll der Kuchen nun aufgeteilt werden? Damit der Streit aufhört, beschließen sie, dass Anne unter den Tisch kriecht. Während Paul nacheinander auf die einzelnen Kuchenstücke zeigt, sagt Anne, wer das Stück jeweils bekommen soll. Da sie nichts sehen kann, kann sie auch nicht schummeln. So wird der Kuchen zwangsläufig gerecht aufgeteilt.

Die fünf haben eine Regel für das Teilen gefunden. Eine Regel, die keinem einen Vorteil verschafft. Und falls Paul die Bohne bekommt, kann niemand sagen, das sei ungerecht.
Dann wird er für einen Tag König sein und das Geschenk bekommen. Die anderen gehen leer aus. Aber niemand wird sagen: „Wie ungerecht, dass Paul König wurde!" Denn allen ist klar, dass die Regel für das Teilen, die sie gemeinsam festgelegt haben, gerecht ist. Beim Thema Gerechtigkeit geht es hauptsächlich ums Teilen. Wenn alle Erdbewohner pro Tag nur einen Teller Reis zu essen hätten, würde niemand sagen: „Wie ungerecht! Nur ein Teller Reis pro Tag!" Doch wenn manche Menschen fünfzig Teller Reis pro Tag haben und dazu auch noch Fleisch, Eis und Kuchen, kann man sagen: „Das ist ungerecht! Andere verhungern." Wenn die Verteilung nicht stimmt, spricht man von Ungerechtigkeit.

Teilen ist gar nicht so leicht!

Ist es gerecht, wenn ich an meinem Geburtstag genau gleich viele Tortenstücke bekomme wie alle anderen? Da es *mein* Geburtstag ist, wäre es nur gerecht, wenn ich mehr bekomme, oder? Und meine besten Freunde bekommen auch mehr, weil ich sie mehr mag. Und die Kleinen bekommen weniger, weil sie einen kleineren Magen haben. Und diejenigen, die seit drei Stunden nichts gegessen haben, müssten mehr bekommen als diejenigen, die vor einer Stunde noch etwas gegessen haben. Auweia – da wird das Teilen recht kompliziert. Ist es nicht einfacher, wenn alle genau gleich viel bekommen? Das ist einfacher und geht schneller, als wenn man sich tausend Fragen stellen muss. Sonst kann man endlos lange diskutieren.
Deshalb eine recht praktische Lösung: Jeder bekommt dasselbe!
Aber die Wirklichkeit sieht anders aus. Verdient eine Grundschullehrerin so viel wie unser Nationaltorwart? Nein. Der verdient mindestens hundert Mal mehr als die Lehrerin. Dabei hat die Lehrerin eine

sehr wichtige Aufgabe: Sie bringt Kindern Dinge bei, die sie ihr ganzes Leben lang brauchen werden. Und was macht der Torwart? Er fängt ein paar Bälle!

Dürfen alle Kinder in den großen Ferien ans Meer fahren? Nein! Sehr viele Kinder haben das Meer noch nie gesehen, während andere jeden Sommer hinfahren.

Haben alle Menschen genügend zu essen? Nein! Ein paar Millionen auf diesem Planeten haben alles, wonach ihr Herz begehrt, und sogar noch mehr, während Millionen anderer ständig Hunger leiden und manchmal sogar verhungern.

Wo bleibt da das Teilen? Die Sache mit dem „alle gleich viel" mag vielleicht bei Kuchen und Torten klappen, doch bei anderen Dingen ist es gar nicht so leicht!

Ist „gerecht" immer „gleich"?

Die Bewohner des Landes Egalia finden, dass es an Weihnachten sehr ungerecht zugeht: Manche Kinder bekommen Unmengen von Geschenken, andere nur eins oder zwei. Manche bekommen sehr große Geschenke, andere nur kleine. Damit diese Ungerechtigkeit ein Ende hat, erlassen sie ein neues Gesetz: Im November erhalten alle Eltern ein Schreiben, in dem steht, was sie ihren Kindern schenken dürfen. Das hängt vom Alter ab. In diesem Jahr bekommen die Jungen zwischen sechs und acht Jahren alle ein Zorro-Kostüm und ein Buch, die gleichaltrigen Mädchen ein Schminkköfferchen und Buntstifte.

In Sachen Geschenke herrscht nun absolute Gleichheit. Doch der achtjährige Andreas mag sich nicht verkleiden und liest auch nicht gern. Corinna, sieben Jahre alt, liest gern, aber sie möchte sich nicht schminken, und außerdem malt sie lieber mit Filzstiften als mit Buntstiften.

Ja, es stimmt, das neue Gesetz sollte zu mehr Gerechtigkeit führen. Aber wer hätte schon Lust, Weihnachten in Egalia zu feiern? Das Gesetz nimmt keine Rücksicht darauf, was jemand mag und wie er ist. Da könnte man auch gleich vorschreiben, dass alle das Gleiche anziehen, in gleichen Häusern wohnen und an denselben Urlaubsort fahren müssen. Das wäre dann die totale Gleichheit. Aber mal ehrlich: Wäre das wirklich so toll? Niemand könnte sich noch etwas wünschen, niemand wäre mehr frei.

Es ist nicht gleichbedeutend mit Gerechtigkeit, wenn alle das Gleiche machen und haben. Nein, so einfach ist die Sache nicht!

Tja, was machen wir dann?

Man muss sich überlegen, wie man den Ärmeren helfen kann, ohne den Reicheren gegenüber ungerecht zu sein. Es ist die Aufgabe der Regierung, der Parteien und Verbände, für eine gerechtere Umverteilung zu sorgen.

Herr Müller hat eine gute Arbeitsstelle. Von seinem Einkommen bezahlt er Steuern. Doch jedes Mal, wenn er dem Finanzamt die Steuern überweist, tobt er: „Ich habe es satt, unserem Staat das Geld in den Rachen zu werfen. Ich würde es lieber für meine Kinder und meine Frau ausgeben. Und eine neue Uhr bräuchte ich auch."

Aber der Gesetzgeber verlangt nun mal von Herrn Müller, nicht alles für sich und seine Familie zu behalten. Er muss einen Teil davon als Steuern abgeben. Mit diesen Steuern baut der Staat Schulen für alle Kinder und bezahlt die Lehrer. Er baut Krankenhäuser, in denen sich jeder behandeln lassen kann. Er baut Straßen, auf denen jeder fahren kann. Er organisiert Ferienheime, bezahlt Zuschüsse für Studenten, deren Eltern wenig verdienen, und unterstützt Menschen, die keine Arbeit finden ...
Herr Müller hat einen Arbeitsplatz, verdient Geld und bezahlt Steuern – so will es das Gesetz. Dieses Gesetz sorgt für mehr Gerechtigkeit, indem es das verfügbare Geld umverteilt. Normalerweise sind Gesetze dazu da, für Gerechtigkeit zu sorgen.

Gesetze können auch ungerecht sein

Es ist der 15. Juni 1960 in einem fernen Land.
Moussa und Peter spielen auf der Straße Fußball. Da kommt Peters Vater und schlägt Peter vor, in den neuen Park zu gehen, der neulich in der Nähe eröffnet wurde. Dort soll es auch Trampoline und tolle Rutschen geben. Peter und Moussa freuen sich. Dort können sie sich austoben und auch ihr Fußballspiel fortsetzen. Doch dann sagt Peters Vater: „Moussa darf leider nicht mit uns gehen. Der Park ist für Farbige verboten. Dann müsst ihr eben ein andermal zusammen spielen.“ Peter ärgert sich sehr, aber er kann nichts machen. So ist nun mal das Gesetz.

In diesem Land schreibt das Gesetz vor, dass Menschen mit dunkler Haut kein Recht haben, in denselben Parks zu spielen wie die Weißen. Sie dürfen nicht in den schönen Vierteln wohnen, in die besten Schulen gehen, dieselben Busse benutzen, dieselben Arbeiten verrichten oder wählen gehen ...
Ganz klar, dass diese Gesetze von Menschen erlassen wurden, die ... weiß sind!
In anderen Ländern schreiben Gesetze vor, dass Frauen weder Auto fahren noch allein aus dem Haus gehen oder entscheiden dürfen, wen sie heiraten.
Ganz klar, dass diese Gesetze von Menschen erlassen wurden, die ... Männer sind.
Es gibt durchaus Gesetze, die ungerecht sind, da sie nicht alle Menschen gleich behandeln.
Gerechte Gesetze sind zwangsläufig solche, die in den Augen aller Menschen gerecht sind.

Ab heute sofortige Veränderungen!

Wenn wie durch Zauberhand alle Weißen in Moussas Land auf einen Schlag eine dunkle Hautfarbe bekämen, würden sie gegen ihre eigenen Gesetze Sturm laufen. Und wenn alle Männer plötzlich Frauen wären, würden sie in manchen Ländern sofort die Gesetze ändern. Sie würden blitzschnell begreifen, wie ungerecht diese Gesetze waren.

Wenn es theoretisch möglich wäre, dass jeder mit jedem tauscht, gäbe es garantiert nur noch gerechte Gesetze.

Stellen wir uns vor, dass ab sofort jeder plötzlich Frau, Mann, Kind, Farbiger, Weißer, Jude, Christ, Muslim oder sonst etwas sein könnte, reich, arm, behindert, jeden Beruf haben oder wer weiß was für eine Krankheit bekommen könnte ...

Gerechtigkeit gibt es erst dann, wenn alle Erwachsenen zur Wahl gehen dürfen und sie die Politiker, die die Gesetze erlassen, frei wählen können: Es ist wichtig, Menschen zu wählen, die nicht nur an sich und ihre Freunde denken oder an Menschen, die ihnen ähnlich sind, die in ihrer Nähe wohnen oder denselben Beruf haben ...

Wer bestimmt, was gerecht ist?

Man hat den Eindruck, dass diejenigen, die das Sagen haben, bestimmen, was gerecht ist: die Erwachsenen, die Eltern, Lehrer, der Rektor, der Chef, die Minister, der Bundeskanzler oder der König ... Aber wer bestimmen darf, hat nicht automatisch auch Recht!

Der König reitet mit seiner Leibwache durch sein Land. In der Ferne sieht er rote Häuser. Doch heute mag er kein Rot sehen und befiehlt seinen Soldaten, diese Häuser sofort abzubrennen. In der Stadt bleibt er vor einem Kiosk stehen und sieht, dass die Zeitung „Die Wildgans" unschöne Dinge über ihn geschrieben hat. Sofort befiehlt er seinen Männern, diese Zeitung umgehend zu verbieten. Auf dem Heimritt fällt dem König ein herrlicher Garten auf. Er lässt den Gärtner holen, der diesen Garten pflegt, und befiehlt ihm, sich ab sofort nur noch um den Palastgarten zu kümmern.

Hier hängt alles von der Lust und Laune einer einzigen Person ab. Diese Person kümmert sich nicht um die Rechte der anderen. In diesem Land geht es nicht gerecht zu, sondern sehr ungerecht. Das ist so ähnlich, als wenn es in deiner Schule plötzlich keine Regeln und Vorschriften mehr gäbe. An einem Morgen würde der Rektor alle bestrafen, die eine Lederjacke tragen, weil er den Geruch von Leder nicht ausstehen kann. Ein Lehrer könnte befehlen, dass ihr in der großen Pause keinen Lärm machen dürft, weil er Kopfschmerzen hat. In der Schulkantine bekämen alle Mädchen mit langen Haaren zwei Portionen Nachtisch ... Nur wenn es Gesetze gibt, ist sichergestellt, dass man nicht den Launen einiger weniger Leute unterworfen ist.

Das ist ungerecht!

Patrick und Marianne haben einen Zettelkasten gebastelt. Er steht im Wohnzimmer. Sie schreiben auf Zettel, was sie in ihrem Leben alles ungerecht finden, und werfen sie hinein. Auf dem Kasten steht in großen Buchstaben: „Box der Ungerechtigkeiten“. Ab und zu bitten sie ihre Eltern, die Box zu öffnen, die Zettel zu lesen und mit ihnen darüber zu diskutieren. Dieses System haben sich Patrick und Marianne ausgedacht, weil sie finden, dass ihre Eltern sich nie die Zeit nehmen, ihnen zuzuhören. Deshalb haben die Kinder auch aufgeschrieben: „Es ist ungerecht, dass ihr uns nie zuhört. Ihr habt immer andere Dinge zu tun.“

Lesen wir die Zettel von letzter Woche:
„Es ist ungerecht, dass ich um acht Uhr abends das Licht ausmachen muss; Patrick darf immer bis neun Uhr lesen.“ (Marianne)
„Es ist ungerecht, dass all meine Freunde 2,50 Euro Taschengeld pro Woche kriegen, ich nur 1,50 Euro.“ (Patrick)
„Wie ungerecht! Nur weil Marianne kleiner ist, seid ihr immer auf ihrer Seite. Sie braucht bloß zu heulen, und schon lasst ihr ihr alles durchgehen!“ (Patrick)
„Wie ungerecht! Nur weil Patrick größer ist, erlaubt ihr ihm alles. Er darf schon richtige Filme anschauen, ich nur doofe Zeichentrickfilme für Babys.“ (Marianne)

Jeder hat eine „Box der Ungerechtigkeiten"

Patrick und Marianne finden vieles in ihrem Leben ungerecht. Es ist gut, dass sie mit ihren Eltern darüber reden. Und vielleicht lassen sich manche Regeln auf diese Weise ändern.
Erwachsene gehen ähnlich vor: Wenn die Busfahrer zum Beispiel finden, dass sie zu wenig verdienen, sprechen sie mit ihrem Arbeitgeber darüber. Und wenn das nichts bringt, greifen sie zu anderen Methoden. Sie verweigern die Arbeit und treten in einen Streik.
Menschen, die an den Rollstuhl gefesselt sind, finden es ungerecht, dass es überall Treppen gibt. Ihrer Meinung nach müsste es überall Rampen geben. Um Gehör zu finden, schreiben sie Leserbriefe an Zeitungen und an die Regierung, oder sie demonstrieren.
Patrick, Marianne, die Busfahrer und Rollstuhlfahrer verlangen mehr Gerechtigkeit.

Eine weitere „Box der Ungerechtigkeiten"

In einer anderen Box mit Ungerechtigkeiten kann man lesen: „Es ist ungerecht, dass in manchen Ländern schon zehnjährige Kinder in Fabriken arbeiten müssen." Oder: „Es ist ungerecht, dass es Menschen gibt, die auf der Straße schlafen müssen." Oder auch: „Es ist ungerecht, dass manche Leute ihr Land nicht verlassen dürfen." Oder: „Es ist ungerecht, dass manche, wenn sie krank sind, kein Geld für eine ärztliche Behandlung haben."

Hier geht es nicht mehr um Ungerechtigkeiten zu Hause, in der Schule oder in unserem Alltag. Es geht nicht mehr um Ungerechtigkeiten, die nur uns persönlich betreffen. Es geht um eine Gerechtigkeit für die ganze Menschheit, um eine Gerechtigkeit, die für alle Menschen gelten müsste.

Wenn Patrick weniger Taschengeld bekommt als seine Freunde, kann man darüber diskutieren, ob es gerecht ist oder nicht. Doch dass es Menschen gibt, die Hunger leiden, Kinder, die in einer Fabrik schuften, Kinder, die verprügelt werden, empfindet man sofort als ungerecht. Man braucht nicht lange zu diskutieren. Jedem ist bewusst, wie ungerecht das ist, und kein Mensch kann das Gegenteil behaupten.

Diese Art von Gerechtigkeit nennt man universell. Sie ist allgemein gültig. Dabei geht es nicht um Gerechtigkeit nur für Einzelne, sondern für alle Menschen dieser Erde – Männer, Frauen und Kinder gleichermaßen.

Die Menschenrechte ...

Die Menschen haben sich weitgehend darüber geeinigt, was auf der Welt gerecht und ungerecht ist. Diese Punkte haben sie schriftlich niedergelegt. Man bezeichnet sie als „Allgemeine Erklärung der Menschenrechte“. Menschenrechte sind Rechte, die für alle Menschen gelten: das Recht auf eine angemessen bezahlte Arbeit, das Recht, in Sicherheit leben zu können, sein Land verlassen und jederzeit wieder zurückkehren zu können, sich aus freien Stücken für einen Glauben zu entscheiden und eine Schule zu besuchen, um lesen und schreiben zu lernen. Und um später vielleicht zu studieren ...
Sehr viele Länder haben sich damit einverstanden erklärt und die „Allgemeine Erklärung der Menschenrechte“ unterschrieben.

Vielen Ländern gelingt es allerdings nicht, diese Rechte auch durchzusetzen. Wenn Obdachlose im Freien übernachten müssen, ist das ein Verstoß gegen die Menschenrechte. Denn diese besagen, dass jeder das Recht auf ein Dach über dem Kopf hat.
Wenn die Frauen in einigen Ländern nicht heiraten dürfen, wen sie wollen, so ist auch das ein Verstoß gegen die Menschenrechte. Denn diese besagen, dass jeder das Recht hat, sich seinen Ehepartner selbst auszusuchen.
Wenn jemand im Gefängnis sitzt, nur weil er anderer Meinung ist als die Regierung seines Landes, wird ebenfalls gegen die „Erklärung der Menschenrechte“ verstoßen.
Doch es ist schon ein großer Fortschritt, dass diese Erklärung überhaupt existiert. Denn das bedeutet, dass wir nach einer gerechteren Welt streben. Es bedeutet auch, dass viele bereit sind, sich für die Menschenrechte einzusetzen. Sie prangern die Länder an, die gegen diese Rechte verstoßen, und versuchen, diese zu überreden, es in Zukunft nicht mehr zu tun. Dafür greifen sie vielleicht sogar zu Strafmaßnahmen.

… und die Rechte der Kinder

Es gibt auch eine Erklärung über die Rechte der Kinder. Denn dass hilflose Kinder massiven Ungerechtigkeiten ausgesetzt sind, ist besonders schlimm.

Heute haben die Viertklässler Schwimmen. Die Klasse ist in den Umkleideräumen. Auf einmal stellt Stefan fest, dass er seine Badehose vergessen hat. Er sagt es dem Lehrer. Allerdings hat Stefan seine Badehose in diesem Schuljahr schon dreimal vergessen. Früher hat ihm der Lehrer dann immer eine ausgeliehen, doch nun platzt ihm der Kragen. „Jetzt reicht es mir aber! Zur Strafe wirst du heute nackt schwimmen!“ Stefan ist entsetzt. Nackt – vor der ganzen Klasse und sogar vor den Mädchen!

Stefan muss sich weigern!
In der Erklärung über die Rechte der Kinder steht, dass deine Würde niemand (auch kein Lehrer) verletzen darf. Wenn der Lehrer Stefan zwingt, nackt zu schwimmen, verletzt er dessen Menschenwürde. Die Situation wäre für Stefan erniedrigend. Stefan hat das Recht, sich zu weigern. Das muss der Lehrer einsehen. Wenn nicht, muss Stefan sich an seine Eltern, seine Klassenlehrerin oder vielleicht sogar an einen Richter wenden und sagen, dass seine Rechte verletzt wurden und man etwas Ungerechtes von ihm verlangt hat. Wer seine Rechte und die Gesetze kennt, kann sich wehren. Er kann Gerechtigkeit verlangen. Auch dafür sind Gesetze gut.

Und wofür sind Strafen gut?

Bertram M. ist in das Haus der Familie Peter eingebrochen. Er hat Schmuck gestohlen, den Fernseher, den Computer und 1 500 Euro Bargeld. Zum Glück wird Bertram von der Polizei geschnappt. Er wird vor ein Gericht gestellt, und ihm droht eine Gefängnisstrafe. Bertram versteht das nicht: Er hat den Peters doch alles zurückgegeben, sogar das Bargeld. Er hat keinen Cent davon ausgegeben und auch nichts kaputtgemacht. Warum wird er nicht sofort wieder auf freien Fuß gesetzt, obwohl er doch alles zurückgegeben hat?

Die Peters sind froh, sie haben ihr Eigentum zurückbekommen. Doch damit ist die Sache noch nicht zu Ende. Bertram M. hat etwas Unrechtes getan, denn laut Gesetz ist es verboten zu stehlen. Und es genügt nicht, das Gestohlene einfach zurückzugeben. Bertram wird bestraft werden, denn wer gegen ein Gesetz verstößt, verletzt die Gerechtigkeit. Und wenn etwas verletzt oder kaputtgemacht wird, versucht man, es wieder zu reparieren. Dafür sind Strafen da. Dass der Dieb friedlich nach Hause gehen dürfte, sobald er seine Beute zurückgegeben hat, fänden die meisten Leute ungerecht.
Aber es kann natürlich noch schlimmer kommen. Angenommen, Bertram hätte während seines Einbruchs jemanden getötet. Dann käme er erst recht ins Gefängnis. Einerseits als Strafe, andererseits aber auch, um seine Mitmenschen vor ihm zu schützen. Gefährlich, wie er ist, müsste man ihn einsperren, damit er nicht noch mehr Menschen tötet.

Angst vor der Polizei

Strafen haben noch einen anderen Zweck: Sie sollen Angst machen. In vielen Ländern gibt es ein Gesetz, das besagt: „Es ist verboten, auf Autobahnen schneller als 130 Stundenkilometer zu fahren."

Heute haben alle Polizisten frei. Niemand überwacht die Autobahnen. Was passiert? Manche Leute werden sich sagen, dass dieses Gesetz nach wie vor gilt, und sie fahren langsam. Aber das werden nicht sehr viele sein! Andere haben es eilig und fahren vielleicht 160 Stundenkilometer, wieder andere, die ein noch schnelleres Auto haben, fahren 200. Fast jeder will mal testen, was sein Auto „hergibt", und drückt aufs Gaspedal. Doch am nächsten Tag, als wieder Polizisten am Straßenrand stehen, sind die Fahrer wieder vernünftig und fahren nur noch 130 Stundenkilometer.

Wenn keine Polizei da ist, fahren viele Autofahrer viel zu schnell. Sie müssen ja keine Angst haben, erwischt zu werden. Doch das Gesetz gilt trotzdem, es ist nicht zusammen mit den Polizisten in den Urlaub gegangen! Sobald die Polizei wieder da ist, werden die Autofahrer vernünftig, da sie mit einer Geldstrafe oder vielleicht sogar mit dem Entzug des Führerscheins rechnen müssten. Traurig, aber wahr: Wenn keine Strafe droht, scheinen viele Menschen keine Lust zu haben, sich an die Gesetze zu halten.

Gerechte und ungerechte Strafen

- Jens darf drei Tage lang nicht in die große Pause gehen. Er hat sich in der Toilette neben den Waschbecken versteckt und alle, die hereinkamen, mit Wasser bespritzt. Jens wusste, dass es verboten ist, mit Wasser herumzuspielen. Das steht in der Schulordnung. Natürlich bedauert er, dass er erwischt wurde, aber die Strafe findet er nicht so schlimm. Es hätte schlimmer kommen können!

Jens begreift, warum er bestraft wird. Er freut sich natürlich nicht darüber, doch im Grunde weiß er, dass er etwas Verbotenes getan hat.

- Alice ist stocksauer: Der Rektor hat ihr ihren Gameboy für eine Woche weggenommen! Sie hatte auf dem Schulhof damit gespielt, und da kam der Rektor und sagte, solche Geräte seien in der Schule verboten. Von diesem Verbot hat Alice noch nie etwas gehört. Sie liest in der Schulordnung nach, die in der Eingangshalle aushängt. Kein Wort über Gameboys! Und kein Mensch hat jemals von diesem Verbot gehört.

Alice begreift nicht, warum sie bestraft wurde. Das kannst du sicher gut nachfühlen. Es ist normal, dass man eine Strafe ungerecht findet, wenn es gar kein Gesetz gibt. Wenn die Eltern einen plötzlich bestrafen, weil man an einem Donnerstag fernsieht, aber nie gesagt haben, dass das an diesem Wochentag verboten ist, wäre es absolut ungerecht, einen dafür zu bestrafen.

Paul und Sebastian prügeln sich. Paul hat angefangen: Er hat Sebastian ans Schienbein getreten. Sebastian hat sich gewehrt und Paul in den Bauch geboxt. Und ausgerechnet in diesem Moment kommt die Lehrerin zurück!
Zur Strafe muss Sebastian in der großen Pause im Klassenzimmer bleiben und hundertmal schreiben: „Ich darf andere nicht boxen." Sebastian ist stocksauer: Paul hat angefangen, und er wird jetzt bestraft. Das ist ungerecht!

Sebastian findet seine Strafe ungerecht. Er weiß natürlich, dass man sich in der Schule nicht prügeln darf. Doch seiner Meinung nach hätte die Lehrerin sie beide bestrafen müssen!
Er hat Recht. Doch wie soll man reagieren, wenn man Opfer einer Ungerechtigkeit wird?
Am liebsten würde man dann alles kurz und klein schlagen, herumbrüllen oder einfach abhauen.

Ungerechtigkeit = Gewalt

Moussa folgt seinem Freund Peter und sieht ihn in den Park gehen. Peters Vater hatte Recht: Am Eingang hängt ein Schild mit der Aufschrift: „Für Farbige verboten!" Moussa will trotzdem hineingehen. Er geht um den Park herum und klettert auf der Rückseite über den Zaun. Begeistert rennt er zu den Trampolinen. Er sieht die anderen ausgelassen darauf herumspringen. Das will er auch! Dass sofort ein Wärter herbeieilt, sieht Moussa nicht. Der Wärter packt ihn und schleppt ihn zur Polizei. Unterwegs wird Moussa von Bekannten gesehen, die zu seinen Eltern laufen und es ihnen erzählen. Sie und ihre Freunde protestieren vor dem Polizeirevier. Alle werden immer wütender, die Demonstranten werfen Steine auf die Polizisten, diese greifen zu ihren Schlagstöcken, und es kommt zu einer wüsten Schlägerei.

Ungerechtigkeit führt zu Gewalt. Denn auch Ungerechtigkeit ist eine Form von Gewalt. Das Schild „Für Farbige verboten!“ am Eingangstor des Parks stellt schon eine Art Gewalt dar, schlimmer als eine Ohrfeige! Und wenn man eine Ohrfeige bekommt, fällt es einem sehr schwer, nicht zurückzuschlagen.

Ungerechtigkeiten machen die Menschen wütend. Manchmal sind diese Ungerechtigkeiten so unerträglich, dass man bereit ist, gewalttätig zu werden. Und oft sehen die Menschen wirklich keine andere Möglichkeit, um sich zu wehren und der Ungerechtigkeit ein Ende zu setzen.

In Moussas Heimatland wurden die Gesetze inzwischen geändert. Heutzutage ist es dort verboten, Menschen wegen ihrer Hautfarbe zu benachteiligen. Doch bis es so weit war, mussten sehr viele Menschen lange dafür kämpfen.

Um Gerechtigkeit zu erlangen, muss man jedoch nicht unbedingt zu Gewalt greifen. Die Wut, die Menschen angesichts einer Ungerechtigkeit packt, kann zum Glück auch zu etwas anderem als zu Gewalt führen: Sie kann in Energie umgewandelt werden, die man einsetzt, um die Dinge zu ändern.

Der Kampf gegen Ungerechtigkeiten kann einem Bärenkräfte verleihen.

Wut in unserem Inneren

Benjamin spielt Thomas den Ball zu, dieser zielt und schießt. TOOOR! Die Mannschaft fällt Thomas jubelnd um den Hals. Doch sie haben den Pfiff des Schiedsrichters überhört: Thomas habe den Ball mit der Hand berührt, das Tor sei ungültig. „Das ist unfair!", brüllt Thomas. „Ich habe den Ball nicht mit der Hand berührt!" Er stürzt sich auf den Schiedsrichter, beschimpft ihn und will auf ihn einschlagen. Er ist außer sich vor Wut. Der Schiedsrichter greift zur roten Karte und spricht einen Platzverweis aus. Zudem wird Thomas von den nächsten drei Spielen ausgeschlossen.

Es stimmt, Thomas hat den Ball wirklich nicht mit der Hand berührt. Der Schiri hat sich getäuscht, das kommt vor. Er hätte das Tor gelten lassen müssen, seine Entscheidung war ungerecht. Thomas würde am liebsten alles kurz und klein schlagen.

Benjamin spielt Thomas den Ball zu, dieser zielt und schießt. TOOOR! Die Mannschaft fällt Thomas jubelnd um den Hals. Doch sie haben den Pfiff des Schiedsrichters überhört: Thomas habe den Ball mit der Hand berührt, das Tor sei ungültig. „Das ist unfair!", brüllt Thomas. „Ich habe den Ball nicht mit der Hand berührt!" Er lässt sich auf den Rasen fallen, ihm schießen Tränen in die Augen, und er platzt fast vor Wut. Der Trainer muss ihn durch einen anderen Spieler ersetzen.

In diesem Fall ist Thomas wegen dieser Ungerechtigkeit wie gelähmt. Er hat keine Energie und keine Kraft mehr.

Benjamin spielt Thomas den Ball zu, dieser zielt und schießt. TOOOR! Die Mannschaft fällt Thomas jubelnd um den Hals. Doch sie haben den Pfiff des Schiedsrichters überhört: Thomas habe den Ball mit der Hand berührt, das Tor sei ungültig. „Das ist unfair!", brüllt Thomas. „Ich habe den Ball nicht mit der Hand berührt!" Das sagt er auch dem Schiedsrichter, doch leider ohne Erfolg. Thomas wird schrecklich wütend. Dem wird er es noch zeigen! Dieses Tor hat der Schiri nicht anerkannt, aber die nächsten muss er einfach gelten lassen! Thomas spielt nun absolut großartig. Er hat eine unglaubliche Energie, und seine Müdigkeit ist wie weggeblasen. Geschickt umdribbelt er alle Gegenspieler und schießt – keine zwei Minuten vor Spielende – mit dem linken Fuß ein wundervolles Tor.

Seine Wut hat Thomas neue Kraft und noch mehr Kampfgeist verliehen ... für ein zweites Tor.

Ungerecht behandelt zu werden macht einen wütend, daran besteht kein Zweifel. Doch was wir mit dieser Wut machen, bleibt jedem Einzelnen überlassen. Alles kurz und klein schlagen? Zusammenbrechen? Oder diese Wut einsetzen, um sich Gerechtigkeit zu verschaffen?

Ein schiefer Blick, der zu einem spöttischen Grinsen führt, ein spöttisches Grinsen, das zu einer fiesen Bemerkung führt, eine fiese Bemerkung, die zu einem Handgemenge führt, das Handgemenge zu einer Ohrfeige, diese zu einem Fausthieb, dieser wiederum zu einem Frontalangriff, dieser zu einem Gegenangriff ... und irgendwann zieht einer das Messer aus der Tasche ...

Gewalt und Gewaltlosigkeit

Gewalt und Gewaltlosigkeit

Ein kleiner Ringkampf – was für ein Spaß! 87
Weltmeister, Goldmedaille 88
Olympiade im Liebesbriefschreiben 88
Ein bisschen Angst haben wir alle 90
ER hat angefangen! 91
Ein schiefer Blick 92
Gewaltmelder 93
Eimer oder Schlauch? 94
Es gibt immer Gründe 95
... aber keine guten! 97
Man spricht nicht dieselbe Sprache 98
Kein Wundermittel 99
Passive und aktive Gewalt 100
Gewaltlosigkeit kann sehr bequem sein 101
Notfalls bis zum Tod 102
Die alten Croissants 103
Die Sache spitzt sich zu 104
Ein volles Programm 105
Den Schaden eindämmen, möglichst wenig Leid verursachen 106
Markus, der Konfliktvermeider 106
SOS! Konflikt-Hotline! 108
Aufmerksame, intelligente, mutige Menschen 109

Ein kleiner Ringkampf – was für ein Spaß!

Bernd und Thomas kämpfen miteinander. Bernd ist am Gewinnen. Thomas liegt auf dem Rücken, Bernd sitzt auf seiner Brust. Thomas bekommt kaum noch Luft. Plötzlich nimmt er alle Kraft zusammen und bäumt sich auf. Verdutzt plumpst Bernd zur Seite und landet auf dem Boden. Und ehe er sich's versieht, ist sein Oberkörper zwischen Thomas' Beinen eingeklemmt. Außerdem drückt Thomas ihm den Ellbogen gegen den Hals. Bernd rührt sich nicht mehr, er gibt sich geschlagen.

Ein kleiner Ringkampf – was für ein Spaß!
Thomas und sein Vater Bernd raufen schrecklich gern miteinander, und je größer Thomas wird, desto lustiger findet er es. Bernd muss nicht mehr so tun, als würde er verlieren, er kämpft wirklich mit aller Kraft. Auch Thomas muss nicht mehr so tun als ob; er will seinen Vater ernsthaft schachmatt setzen. Manchmal tun sie sich zwar ein bisschen weh, aber sie lieben ihre Raufereien.
Wenn wir mit Menschen zusammen sind, die wir lieben, die uns auch lieben und denen wir vertrauen, können solche gewalttätigen Spiele ganz lustig sein. Aber es sind eben nur Spiele.

Weltmeister, Goldmedaille ...

Die Menschen haben sich Sportarten ausgedacht, in denen sich ihre Länder, Regionen, Städte oder Dörfer miteinander messen können. Sie organisieren Meisterschaften, Weltcups und natürlich auch die Olympischen Spiele. Man könnte fast glauben, dass diese Wettkämpfe eigens geschaffen wurden, um die kriegerischen Kämpfe von früher zu ersetzen und damit die Menschen gegeneinander kämpfen können. Dabei halten sie sich jedoch strikt an bestimmte Regeln und bestimmen Schiedsrichter, die das Ausmaß an Gewalttätigkeit kontrollieren. Mit dem Ball, den Fäusten, dem Tennisschläger, mit Stoppuhren, in Stadien und Sportplätzen aufeinander loszugehen ist allemal besser, als mit Panzern, Gewehren und Bomben in Schützengräben und auf Schlachtfeldern ...

Olympiade im Liebesbriefschreiben

Allerdings geht es bei vielen Sportarten recht gewalttätig zu. Manche der Teilnehmer werden verletzt und riskieren machmal sogar ihr Leben.

Ein Rugbyspieler hat zwei Zähne eingebüßt. Er hatte im Handgemenge seinen Mundschutz verloren und bekam einen harten Schlag an den Kiefer. Drei weiteren Spielern seiner Mannschaft rann Blut über die Gesichter.

Der Boxer liegt auf dem Boden, er rührt sich nicht mehr. Der Schiedsrichter erklärt den Kampf für beendet, da einer der beiden Boxer k. o. ist.

Wir haben keine Olympiade erfunden, bei der es darum geht, wer den schönsten Blumenstrauß bindet, den schönsten Liebesbrief schreibt oder den schönsten Gemüsegarten hat! Bei den großen sportlichen Ereignissen geht es vor allem um Sportarten, bei denen ziemlich viel Gewalt im Spiel ist.

„Turin gegen Liverpool: 39 Tote, 600 Verletzte? Um welchen Krieg geht es? Das haben wir im Geschichtsunterricht nicht durchgenommen!"

Hier geht es nicht um einen Krieg. Es geht um das Spiel zwischen einer italienischen und einer englischen Fußballmannschaft, das in Belgien stattfand. Die Fans der Turiner Mannschaft gerieten sich mit den Anhängern der englischen Mannschaft in die Haare, und es kam in der Tat zu 39 Toten und 600 Verletzten. Das Fußballstadion verwandelte sich in ein wahres Schlachtfeld.
Die Fans hielten sich offenbar für Soldaten, und das Fußballspiel wurde zu ihrem Krieg. Dieses Spiel stellte den Kampf nicht mehr nur nach – es artete stattdessen zu einer *richtigen* Schlacht aus, und die dem Spiel innewohnende Gewalt wurde zu tatsächlicher Gewalt. Wer ein gewalttätiges Spiel organisiert, spielt manchmal mit dem Feuer.

Ein bisschen Angst haben wir alle

Nora kommt abends nach Hause und stellt ihren Wagen im dritten Untergeschoss der Tiefgarage ab. Ehe sie die Scheinwerfer ausmacht, vergewissert sie sich, dass ihre Handtasche richtig verschlossen ist, und blickt sich um. Sie hat immer ein bisschen Angst, wenn sie spät am Abend nach Hause kommt.

Paul ist das erste Mal bei einem richtig großen Fußballspiel dabei. Die vielen Menschen beeindrucken ihn. Neben ihm sind ein paar Leute, die herumbrüllen. Etwas ängstlich umklammert Paul die Hand seines Vaters.

Der Schulausflug wird gestrichen. An diesem Tag soll eine große Demonstration gegen die Regierung stattfinden, und deshalb möchte die Lehrerin den Ausflug auf einen anderen Tag verschieben.

Nora, Paul und die Lehrerin sind beunruhigt. Dabei passiert ihnen gar nichts. Die meiste Zeit passiert tatsächlich nichts: Seit Jahren schon gelangt Nora ohne Probleme in ihre Wohnung. Pauls Vater war schon bei dutzenden von Fußballspielen, ohne dass ihm jemals etwas passiert wäre, und die meisten Massenkundgebungen verlaufen friedlich.

Aber jeder von uns kennt diese Augenblicke der Besorgnis oder gar der Angst, entweder inmitten einer Menschenmenge, allein im Dunkeln oder wenn uns jemand entgegenkommt, der unserer Meinung nach verdächtig aussieht. Es ist die Angst, dass jemand plötzlich und ganz unerwartet zu Gewalt greifen könnte.

Tiere, die in Freiheit leben, kommen nicht auf die Idee, grundlos Bäume zu zerstören, jemanden anzugreifen oder aus purer Lust an der Gewalt zu töten. Menschen, die sich mit Tieren gut auskennen, wissen genau, wann diese angreifen werden und wann nicht, wie weit man sich ihnen gefahrlos nähern kann, auf welche Weise, in welcher Jahreszeit und so weiter. Bei den Tieren kann man aggressive Reaktionen vorhersehen. Bei uns Menschen sind solche Vorhersagen unmöglich: Gewalt, die ganz urplötzlich ausbricht, ist typisch menschlich. Und aus diesem Grund haben wir alle ein bisschen Angst vor der Gewalt, die ständig auf Sparflamme brennt.

ER hat angefangen!

Die Lehrerin gibt jedem Erstklässler ein Blatt. Auf jedes Blatt hat sie mit dem Zirkel einen Kreis gezeichnet. „Malt die Kreislinie mit euren Filzstiften nach. Fangt mit Dunkelblau an, dann kommt Königsblau und schließlich Hellblau", erklärt die Lehrerin. Irene nimmt ihren dunkelblauen Filzstift und studiert den Kreis. „Wo fängt er denn an?", fragt sie dann.

Es gibt keinen Anfang! Weder Irene noch die Lehrerin werden ihn je finden. Bei einem Kreis kann man weder den Anfang noch das Ende erkennen.

Zwei Schüler streiten sich. Sie schlagen und treten einander. Da kommt ein Lehrer.

Wir wissen, wie es weitergeht ... mit dem berühmten „ER hat angefangen!", gefolgt von dem ebenso berühmten „Stimmt nicht! ER hat angefangen!".

Auch den Rest kann man sich gut vorstellen: „Ja, aber nur, weil er mich beleidigt hat. Er hat gesagt, ich bin dick. – Weil er mein Milky

Way geklaut hat. – Es war mein Milky Way! Ich habe auch eines mitgebracht. – Er lügt. – Mit dem kann man nicht reden, er schlägt sofort zu. – Und dann hat er mich an die Wand gedrückt. – Er hat mich ja auch so schief angeschaut. – Klar, er hat gesagt, ich sei blöd ... Und so weiter und so fort.

Und so dreht man sich endlos im Kreis, und das kann Tage, Jahre, ja sogar Jahrhunderte lang dauern. Man wird keinen Anfang und kein Ende finden: Man dreht sich in einem Kreis gegenseitiger Beschuldigungen. Wie Irene vorhin bei dem Zirkelkreis wird auch der Lehrer nie den Anfangspunkt finden.

Es nützt nichts zu sagen: „Fangen wir mal ganz am Anfang an." Die Gespräche drehen sich im Kreis ... und die Gewalt geht weiter.

Ein schiefer Blick

In vielen Flüssen bilden sich an manchen Stellen Strudel. Dort dreht sich das Wasser sehr rasch um sich selbst, und diese Stellen sind sehr gefährlich. Der Fluss sieht eigentlich vielleicht ganz harmlos aus, ist es aber nicht. Wer sich hineinwagt, ist verloren: Er wird auf den Grund gezogen und ertrinkt. Selbst gute Schwimmer sind machtlos. Es gibt nur ein Gegenmittel: sich von Strudeln fern zu halten.

Ein schiefer Blick, der zu einem spöttischen Grinsen führt, ein spöttisches Grinsen, das zu einer fiesen Bemerkung führt, eine fiese Bemerkung, die zu einem Handgemenge führt, das Handgemenge zu einer Ohrfeige, diese zu einem Fausthieb, dieser wiederum zu einem Frontalangriff, dieser zu einem Gegenangriff ... und irgendwann zieht einer das Messer aus der Tasche ...

Wer in einen Kreislauf der Gewalt hineingerät, fühlt sich wie in einem Strudel: Er wird hineingezogen, davongetrieben, kann nicht mehr entkommen. Und es gibt nur ein Gegenmittel, um nicht auch mit hineingezogen zu werden: nämlich sich fern zu halten.
Es wäre völlig falsch, auf Gewalt wiederum mit Gewalt zu reagieren!

Gewaltmelder

„Wir konnten das Feuer gerade noch rechtzeitig löschen. Ein aufmerksamer Mitbewohner hat uns angerufen und damit mehrere Menschenleben gerettet!"

Je früher jemand Alarm schlägt, desto mehr Chance hat die Feuerwehr, ein Feuer zu löschen, ehe es große Schäden anrichtet.

Wenn wir auf der Hut sind und unser „Gewaltmelder" schon beim ersten Fünkchen von Gewalt anspringt, können wir Gewalt im Keim ersticken, ehe sie um sich greift.
Wer sensibel schon auf kleinste Anzeichen von Gewalt reagiert, sorgt dafür, dass diese nicht um sich greift.
Wir sollten schon beim kleinsten Anzeichen von Gewalt aufmerksam werden – ähnlich wie Verliebte bei einem Lächeln, wie auf das leiseste Geräusch, wenn man die Ohren spitzt, wie auf die zarteste Brise im Hochsommer. Wir sollten aufmerksam werden, wenn sich irgendwo Gewalt einzuschleichen droht, und uns weigern, uns von ihr anstecken zu lassen. Denn wenn sich die Gewalt erst einmal entzündet hat, ist es zu spät.

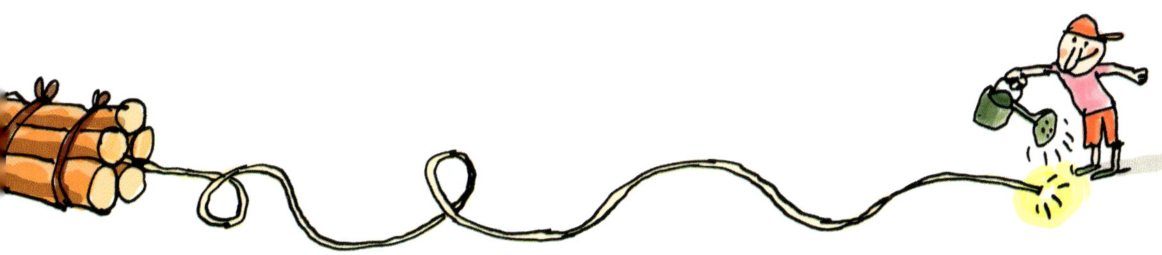

Eimer oder Schlauch?

Die Wohnungsbesitzerin tobt.
„In meiner Wohnung sieht es ja aus wie in einem Schwimmbad!", brüllt sie. „Wie konnten Sie wegen einem so kleinen Feuer gleich mit dem Schlauch ankommen? Ein Eimer Wasser hätte genügt, vielleicht sogar schon ein nasser Scheuerlappen!"
„Kann sein", antwortet der Feuerwehrmann, der ihr am liebsten einen nassen Lappen an den Kopf geworfen hätte, um sie endlich zum Schweigen zu bringen. „Aber wir wollten kein Risiko eingehen."

Ein Eimer Wasser hätte vielleicht wirklich genügt. Doch indem sie mit dem Schlauch löschte, ging die Feuerwehr auf Nummer sicher und sorgte dafür, dass das Feuer nicht um sich griff. Dadurch wurde das Risiko gering gehalten.
Dasselbe gilt auch für den Kreislauf der Gewalt, wenn dieser erst einmal in Gang gesetzt ist: Man braucht starke Mittel, um ihn wieder zu durchbrechen, selbst wenn diese Mittel manchmal überzogen scheinen. Ist die Gewalt erst einmal ausgebrochen, gibt man ihr besser keine Gelegenheit, noch weiter um sich zu greifen: lieber kein Risiko eingehen.

„Wenn es auf den Tribünen noch einmal zu einer Schlägerei kommt, gibt es Geldstrafen."
Schwaches Mittel, hohes Risiko.
„Wenn es auf den Tribünen noch einmal zu einer Schlägerei kommt, gibt es für alle Beteiligten zehn Jahre Stadionverbot."
Starkes Mittel, weniger Risiko.

Wenn man auf Gewalt mit Schwäche reagiert, führt das häufig zu noch mehr Gewalt: Schwäche facht Gewalt erst recht an und lässt sie anwachsen – so ähnlich, wie man ein Feuer anfacht, damit es richtig brennt. Der Gewalt stark und entschlossen zu begegnen heißt nicht, ebenfalls zu Gewalt zu greifen. Wer Stärke zeigt, beweist, dass er die Gewalt bezwingen und den Kreislauf durchbrechen kann.

Es gibt immer Gründe ...

- Sie musste drei Stunden nachsitzen.
- Sie wohnen zu sechst in einer winzigen Wohnung.
- Sie hat heute Nacht schlecht geschlafen.
- Ihm wurde sein Ferrari gestohlen.
- Er hat ein schlechtes Zeugnis bekommen.
- Er stand den halben Tag im Stau.
- Der Lehrer hat ihn vor der ganzen Klasse fertig gemacht.
- Er wurde erpresst.
- Er konnte noch nie in Urlaub fahren.

Das alles könnten Gründe sein, warum jemand gewalttätig wird. Einen Grund dafür findet man immer. Es wäre kein Problem, eine noch viel längere Liste zu schreiben: Ungerechtigkeiten, Neid, Gemeinheit, Pech, Eifersucht, Armut, Gewalt von anderen ... Tag für Tag finden sich Gründe, warum man wütend werden und sich aufregen könnte.

Kevins Vater kam gestern wutentbrannt nach Hause. Sein Chef hat ihm gekündigt, er ist arbeitslos. Auf dem Nachhauseweg ging er zuerst in eine Kneipe und trank ein paar Gläser Bier. Und ausgerechnet an diesem Tag musste Kevin sein Zeugnis unterschreiben lassen. Als sein Vater die Vier in Mathematik sah, gab er Kevin eine Ohrfeige. Kevin lief weinend in sein Zimmer. Sein Vater hatte ihn noch nie zuvor geschlagen!

Grund für die Ohrfeige: die Kündigung, der Alkohol und die schlechte Mathenote.

Am nächsten Morgen hänselt Igor Kevin zum x-ten Mal wegen eines Mädchens. „Na, hast du dich noch immer nicht getraut, ihr zu sagen, dass du in sie verknallt bist?" Normalerweise lacht Kevin nur darüber. Deshalb ist Igor total baff, als Kevin ihm plötzlich mit der Faust ins Gesicht schlägt. Ergebnis: ein gebrochenes Nasenbein!

Grund für die gebrochene Nase: Kevins Wut über die Ohrfeige, die ihm sein Vater gegeben hatte.
Für Gewalt gibt es immer Gründe. Man findet immer einen Grund, um die Gewalt zu erklären.

... aber keine guten!

Es regnet, alles ist nass. Der Regen ist die Ursache dafür, dass alles nass ist. Das ist leicht einzusehen.
Lukas rennt mit voller Wucht gegen eine Tür und bricht sich die Nase. Der Aufprall an der Tür ist die Ursache für die gebrochene Nase. Das begreift jeder.

Doch wenn man sagt, „Kündigung + Wein + schlechte Note" sei die Ursache für Kevins Ohrfeige, wird es problematisch. Da erkennt man keinen direkten Zusammenhang.

Wenn man sagen würde, die Kündigung sei die Ursache von weniger Geld, zu viel Bier die Ursache für ein umnebeltes Gehirn, wäre die Sache wieder klar.

Wenn man sagt, dass Kevin seinem Kumpel die Nase gebrochen hat, weil er eine Ohrfeige bekommen hatte, ergäbe sich erneut ein Problem: Man kann keinen logischen Zusammenhang, keinen Sinn erkennen.

Würde man sagen, die Ohrfeige vom Vater sei die Ursache dafür, dass Kevin die Wange wehtut, wäre der Zusammenhang klar.

Gründe für gewalttätiges Verhalten sind nie gut, nie logisch und auch nie gerechtfertigt. Man meint, dass es Gründe geben müsste, doch was man dann anführt, sind nur Ausreden oder Entschuldigungen, die glauben machen sollen, dass es zu Recht zu einer Gewalttat kam.
Wer glaubt, dass es für Gewalt Gründe gibt, der glaubt auch, dass Gewalt zu Recht existiert, dass sie eine Art Sprache oder Kommunikationsform ist.

Man spricht nicht dieselbe Sprache

„Ich verbiete dir, dich mit anderen zu prügeln!
Komm sofort her, das werde ich dir schon austreiben!"
Und – paff! Schon kriegt Peter eine geknallt.

Diese Ohrfeige bringt zum Ausdruck, dass der Vater sich mit Gewalt auskennt, da er sie selbst einsetzt und folglich akzeptiert. Auf Gewalt mit Gewalt zu reagieren bedeutet, dass man dem Angreifer ähnlich ist, dass man dessen Gewalt billigt, da man auf dieselbe Weise reagiert.

„Pouvez-vous m'aider, s'il vous plaît?"
„Hey, was will der? Ich versteh kein Wort!"

Wenn zwei Menschen nicht dieselbe Sprache sprechen, ist zwischen ihnen kein Gespräch möglich.

Wenn man auf Gewalt mit Gewaltlosigkeit reagiert, gibt man dem Angreifer zu verstehen, dass man eine andere Sprache spricht als er. Man sagt ihm, dass man seine Sprache, die Sprache der Gewalt, nicht versteht und dass seine Drohungen in diesem Fall nichts nützen.

Kein Wundermittel

„Aber was ist, wenn mich ein anderes Kind auf dem Schulhof einfach boxt? Was mache ich dann?“

Und was ist, wenn der andere weiter auf dich einschlägt, dich verfolgt, in der nächsten Pause wieder damit anfängt?

Gewaltlosigkeit ist kein Wundermittel. Ein solches Mittel gibt es leider nicht. Außerdem hängt alles davon ab, was man erreichen will.
Um sich möglichst wenig Schläge einzuhandeln, ist es eine gute Taktik, gar nicht zu reagieren. Normalerweise verläuft die Sache dann im Sande: Wenn jemand Streit sucht und ihn nicht findet, gibt er auf. Gewalt kann nur fortbestehen, wenn sie wieder auf Gewalt stößt.
Wenn das nicht funktioniert, ist es manchmal nötig, sich auf eine stärkere Macht, eine „höhere Gewalt“ zu berufen, um den Kreislauf der Gewalt zu durchbrechen. Doch diese so genannte höhere Gewalt muss wirklich höher sein, damit es nur eine einzige Auseinandersetzung gibt. Dann wird der Angreifer nicht wiederkommen. Angesichts einer sehr viel höheren Gewalt hat Gewalt keine Chance.

Es gibt Menschen, die Gewalt wie magisch anziehen, man nennt sie auch Prügelknaben. Sie geben der Gewalt ständig neue Nahrung. In gewisser Weise ist auch der Prügelknabe für die Situation verantwortlich, da er den Kreislauf nicht durchbricht. Er müsste sich von einer höheren Macht helfen lassen – einer Lehrerin, einem Lehrer, dem Rektor oder der Rektorin, den Eltern, der Polizei oder einem Richter.

Passive und aktive Gewalt

Leonies Eltern sind geschieden und reden nicht mehr miteinander. Leonie weiß nicht genau, weshalb, aber sie sagt sich, dass das die Sache ihrer Eltern ist und es sie nichts angeht. Doch immer, wenn sie bei ihrem Vater ist, leidet sie, weil er die ganze Zeit über ihre Mutter schimpft. Und wenn sie bei ihrer Mutter ist, schimpft diese den lieben, langen Tag über ihren Vater. „Es ist die Hölle", vertraut Leonie ihrer besten Freundin an. „Irgendwie traue ich mich nicht, meinem Vater zu sagen, dass meine Mutter ganz nett ist – und umgekehrt."

Leonie ist kein Kind, das geschlagen wird. Sie ist keiner körperlichen Gewalt ausgesetzt.
Sie leidet unter einer anderen Form der Gewalt: psychischer Gewalt. Leonie fühlt sich verletzt, weil ihre Eltern keine Rücksicht auf ihre Gefühle nehmen. Diese fehlende Rücksicht ist eine Art passiver Gewalt, der Leonie ausgesetzt ist. Ihre Eltern pflanzen eine große Wut in sie ein, die irgendwann auf tausend mögliche Arten zum Ausdruck kommen kann.
Psychische Gewalt ist passive Gewalt. Sie zerstört die Seele, verursacht negative Gefühle, die einem jede Lebensfreude nehmen. Sie verhindert, dass man sich wohl fühlt, macht einen traurig und unglücklich, ohne dass die Betroffenen sagen könnten, warum. Solche Kräfte funktionieren ähnlich wie Zeitbomben, die nicht sofort, aber eben doch irgendwann, zu einer Explosion führen, sprich: zu einem Ausbruch an körperlicher Gewalt, zu aktiver Gewalt.
Wenn es zu Ausbrüchen von körperlicher Gewalt kommt, zum Beispiel zu Terroranschlägen und Demonstrationen, bei denen die Teilnehmer alles zertrümmern, was ihnen unter die Finger kommt, oder zu einem Blutbad, fragt man sich, wie es dazu kommen konnte. Diese

Explosionen rühren oft von Gewalttätigkeiten her, die man nicht gesehen hat, von passiver Gewalt wie Ungerechtigkeit, Armut, Erniedrigung, Rassismus, den nicht vorhandenen Möglichkeiten, sich medizinisch behandeln zu lassen oder sich satt essen zu können ...

Gewaltlosigkeit kann sehr bequem sein

An diesem Tag findet eine Demonstration gegen Rassismus, gegen die Unterdrückung der Frauen in Afghanistan und gegen Kinderarbeit statt. Miriam fragt Hanna, ob sie mitkommt.
„Auf keinen Fall!“, sagt Hanna. „Bei Demonstrationen wird immer so viel kaputtgemacht. Und ich bin gegen Gewalt. Ich bin eine absolute Gegnerin von Gewalt in jeder Form.“ Hanna setzt ihre Schwimmbrille auf und sagt sich, dass es eine gute Idee war, sich im Keller ein eigenes Schwimmbad bauen zu lassen. Es ist schön, auch im Winter zu Hause schwimmen zu können.

Es ist einfach, gegen Gewalt zu sein, wenn man selbst nicht betroffen ist – nicht unter Rassismus leidet, keine Frau ist, die ständig zu Hause eingesperrt ist, und den eigenen Sohn nicht schon mit acht Jahren in eine Fabrik schicken muss, damit er dort Schwerstarbeit leistet. Dann ist es einfach zu sagen, man lehne Gewalt grundsätzlich ab. Hanna hat natürlich das Recht, nicht zu dieser Demonstration zu gehen; es bedeutet nicht, dass sie die schlimmen Tatsachen, die dort angeprangert werden, billigt. Doch sie kann nicht behaupten, dass sie Gewalt ablehnt. Ob sie das wirklich tut, wird sie erst feststellen, wenn sie eines Tages von ihr betroffen ist. Vorläufig ist Hanna jemand, der nicht betroffen ist – grundsätzlich gewaltlos ist sie aber nicht. Ein Gegner von Gewalt

ist jemand, der von einer Ungerechtigkeit betroffen ist, darunter leidet und dennoch freiwillig auf die Waffe der Gewalt verzichtet, um sich zu wehren. Er würde selbst dann auf Gewalt verzichten, wenn er wiederholt Opfer von Gewalttätigkeiten wäre und sogar sein Leben riskierte. Gegen Gewalt zu sein bedeutet nicht, durch die Natur zu gehen und darauf zu achten, dass man keine Blumen zertritt. Es bedeutet auch nicht, gemütlich in seinem Sessel zu sitzen und zu kritisieren, dass im Fernsehen zu viel Gewalt gezeigt wird.

Notfalls bis zum Tod

- Sie will sich lieber von den Löwen in der Arena fressen lassen, als öffentlich ihrem Gott abzuschwören, wie die Römer es von ihr verlangen.

Ihr Glaube ist für diese Frau wichtiger als ihr Leben.

- Er bleibt lieber im Gefängnis, respektiert das Gesetz und sein Todesurteil, statt auf die Fluchtpläne seiner Freunde einzugehen.

Für diesen Mann ist das Gesetz wichtiger als sein Leben.

- Er zieht es vor, dass das Nachbarland seine Heimat überfällt, als dass er kämpft und es zu Blutvergießen kommt.

Nicht zu töten ist für diesen Mann wichtiger als seine Freiheit und die seines Volkes.

Für manche Menschen ist nichts wichtiger, als zu ihren Überzeugungen zu stehen. Ungeachtet aller Konsequenzen. Für manche Anhänger der Gewaltlosigkeit ist nichts wichtiger, als ihrem Ideal der Gewaltlosigkeit treu zu bleiben, was immer auch die Folgen sind. Dafür sind sie bereit, alles zu verlieren, ihr Land, ihre Freiheit, ihr Leben.

Die alten Croissants

Jeden Tag nach der Schule kauft sich Maike ein Schokocroissant, und es ist immer dasselbe: Die Bäckerin gibt ihr ein Croissant vom Vortag. Das merkt man, weil es viel zu trocken ist. Dabei sieht Maike genau, dass die Bäckerin den Erwachsenen frische Croissants gibt, und das nervt sie am meisten. Eines Tages wehrt sich Maike, doch die Bäckerin sagt, sie solle doch woanders einkaufen, wenn es ihr nicht passt. Maike ist sauer. „Ich werde Stinkbomben in ihr Geschäft werfen, dann nehmen die Kunden Reißaus und sie verdient kein Geld mehr. Und wenn sie trotzdem weiter so fies ist, gehe ich mit meinen Freunden eines Abends hin und werfe das Schaufenster ein“, nimmt sich Maike vor.

Maike hat eine Idee, um diesen Konflikt zu lösen. Sie will die Bäckersfrau notfalls mit Gewalt zu einem anderen Verhalten zwingen. Das wäre ein einfacher, schneller Kampf, der keine große Mühe erfordert.

Maike erzählt Robin von ihrem Problem. Ihm ist die Sache mit den Croissants auch schon aufgefallen. Er erzählt es Max weiter. Max erzählt es Anne und Marie, die es wiederum Laura und Tobias erzählen. Die erzählen es Alice, Annika, Tony und Klemens. Allen Kinder ergeht es gleich. Sie finden, dass diese Bäckerin sie sehr schäbig behandelt.
„Wir boykottieren ihr Geschäft!“, schlägt Robin vor.
„Was ist das?“
„Wir gehen nicht mehr hin.“
„Aber wir sind doch nur zu elft. Das stört sie nicht groß.“
„Doch, schon – wenn alle Schüler unserer Schule mitmachen. Wir sagen allen, dass sie nicht mehr in dieser Bäckerei einkaufen söllen. Dann spürt die Bäckerin die Folgen und begreift, dass sie ihr Verhalten ändern muss.“

Robin will nicht mit Gewalt vorgehen, er hat eine bessere Idee: moralischen Druck auszuüben. Er hat einen gewaltfreien Weg gefunden, um der Bäckerin klar zu machen, dass sie ihr Verhalten ändern muss. Doch das ist ein langer, mühsamer Weg. Er kostet die Kinder viel Mühe: Sie müssen alle anderen Schüler überreden, sich dem Boykott anzuschließen; sie müssen eine Zeit lang auf Croissants verzichten oder zehn Minuten bis zur nächsten Bäckerei gehen.
Gewaltlosigkeit verlangt ein hohes Maß an Fantasie, Intelligenz, Geduld und Ausdauer.

Die Sache spitzt sich zu

Die Schüler sind sich einig: Sie kaufen keine Croissants mehr. Doch es nützt nichts.
Ihr neuer Plan: auch keine Brötchen, Bonbons oder Kuchenstücke mehr kaufen. Noch immer ändert sich nichts. Da bitten die Schüler ihre Eltern, ihr Brot nicht mehr in dieser Bäckerei zu kaufen. Falls die Bäckerin noch immer nicht nachgibt, werden sie mit allen Leuten im Stadtviertel reden, damit keiner mehr in dieser Bäckerei einkauft. Wenn nötig, werden sie auch Zettel aufhängen …

Die gewaltlose Aktion spitzt sich zu. Ihr Ziel besteht darin, etwas zu verändern. In unserem Fall hier geht es darum, gut bedient zu werden. Um dieses Ziel zu erreichen, sind noch mehr Anstrengungen nötig. Indem man zu immer massiveren Mitteln greift, macht man dem Gegner deutlich, dass man es ernst meint. Denn aus Spaß macht sich niemand so viel Mühe.

Der Weg der Gewaltlosigkeit ist niemals einfach: Man muss an ihn glauben und an ihm festhalten. Doch er zeigt, dass man fest entschlossen ist, sein Ziel zu erreichen, dass der Kampf gerechtfertigt und notwendig ist. Gewaltlosigkeit kann aber auch Angst machen: Es ist beeindruckend, tausende von Menschen auf einem Haufen zu sehen, die schweigend demonstrieren. Man spürt ihre Stärke und Kraft daran, mit welcher Entschlossenheit sie sich zurückhalten. Sie beweisen sehr viel mehr Stärke als die, die alles kurz und klein schlagen.

Ein volles Programm

Wer von uns kann behaupten, dass er im Laufe eines Tages kein einziges Problem, keine einzige Meinungsverschiedenheit mit einem anderen hatte?

Alles an einem Tag: Der Banknachbar in der Schule belagert den ganzen Tisch, und man hat kaum Platz für sein Heft. Ein Lehrer ist ungerecht, der große Bruder lässt einen den Tisch allein abräumen, eine Freundin zieht hinter dem Rücken über einen her, die Eltern lassen einen nicht ins Kino gehen, in der Schlange drängelt sich jemand vor – falls die Eltern ihre Meinung geändert haben –, der Popcornverkäufer füllt die Tüte nicht ganz bis zum Rand, und dann wird man auch noch fast von einem Auto überfahren.

Ein volles Programm? Von wegen! Der oben beschriebene Tag ist nichts Besonderes. Da wir nicht allein, sondern in einer Familie,

Gruppe und Gemeinschaft leben, stehen wir Tag für Tag vor Problemen und möglichen Konflikten – kleinen, mittleren oder großen. Auf Konflikte reagieren wir entweder aufbrausend oder nicht. Und nur im Falle eines Konflikts stellt sich die Frage von Gewalt oder Nicht-Gewalt. Wenn alles gut läuft – kein Problem.

Den Schaden eindämmen, möglichst wenig Leid verursachen

Eins steht fest: Bei einem Konflikt ist Gewalt niemals eine gute Lösung. Sie würde nur einen Kreislauf von Gewalt in Gang setzen, in den man hineingezogen wird und der nur schwer zu durchbrechen ist. Selbst wenn es so aussieht, als wäre der Konflikt dann gelöst, schlummert er in Wirklichkeit weiter und wird eines Tages wieder hervorbrechen. Aber auch Gewaltlosigkeit ist nicht immer eine Lösung, sie kann bewirken, dass der Konflikt viel zu lange andauert. Sie kann auch Schäden hervorrufen, Schäden für die Gegner der Gewalt, für die, die ihnen beistehen, manchmal für das ganze Volk.
Und Gewaltlosigkeit führt nicht immer zum Erfolg.
Wenn der Konflikt erst einmal besteht, gibt es keine gute Lösung mehr. Es gibt nur noch Lösungen, die weniger schlecht sind als andere. Und danach sollte man streben: nach Lösungen, die den Schaden möglichst eindämmen und möglichst wenig Leid verursachen.

Markus, der Konfliktvermeider

- „Ist Brot da?“
- „Nein, wir haben keines mehr.“
- „Was?! Du hast vergessen, Brot zu kaufen?“

„Ja, aber ich hatte sowieso keine Zeit."
„Du bist schlecht organisiert."
„Was geht das dich an?"
„Nichts. Aber ich will jetzt Brot haben."
Und paff! Pling! Peng! Aufgeregte Worte, wütende Gesten.

Fangen wir nochmal von vorne an:
„Ist Brot da?"
„Nein, wir haben keines mehr."
„Was?! Du hast vergessen, Brot zu kaufen?"
Markus hört Leas aggressiven Unterton. Auweia, sagt er sich, sie sucht Streit. Ich muss das Gebiet entminen.
„Ja, entschuldige. Ich gehe sofort welches kaufen."

Markus lässt sich nicht provozieren, er will keinen Konflikt. Das gelingt ihm zum einen, weil er ihn kommen spürt, und zum anderen, weil er ruhig bleibt. Er entscheidet sich dafür, lieber auf der Stelle Brot kaufen zu gehen. Er hätte auch zu anderen Mitteln greifen können: einen Scherz machen, Lea dazu bringen, ihm zu erzählen, was ihr wirklich zu schaffen macht, ihr einen Kuss geben, das Thema wechseln ... was, ist völlig unwichtig.
Markus ist weder ein Freund noch ein Gegner von Gewalt. Für ihn ist es wichtig, den Konflikt gar nicht erst aufkommen zu lassen. Lea wird ihm dann sicher sagen, dass es schon o. k. ist und sie ausnahmsweise auch mal auf Brot verzichten kann ...

SOS! Konflikt-Hotline!

Hallo? Hier gibt's ein Problem!
Es ist sinnvoller, am Ufer von Flüssen, die manchmal über die Ufer treten, keine Häuser zu bauen, als lange darüber nachzudenken, wie man die Flutschäden möglichst eindämmen und die Bewohner am besten retten kann. Kein brennendes Streichholz in einen Strohhaufen zu werfen ist wesentlich besser, als sich lange zu überlegen, auf welche Weise man das Feuer am besten löscht. Nicht zu rauchen ist wesentlich intelligenter, als Millionen von Euro für Krebsbehandlungen auszugeben ...

Alle sind sich einig: Es ist intelligenter, Probleme zu vermeiden, als die Schäden zu reparieren, die das Problem mit sich bringt!
Wenn das Problem erst einmal besteht, kommt es unweigerlich auch zu Schäden. Daher lautet die grundlegende Frage: Was kann man tun, um den Konflikt zu entschärfen, wenn man spürt, dass er im Entstehen ist? Wie kann man ihn lösen, wenn er noch ganz klein ist, ehe er anwächst und das Leben vieler Menschen zerstört?

„Hallo, Konflikt-Hotline? Schnell, zwei Banden schlagen sich, es ist schrecklich! Ein paar Personen bluten schon! Ich weiß nicht, was tun!"

Oder aber, und das wäre einen Monat früher vielleicht noch möglich gewesen:

„Hallo, Konflikt-Hotline? Neulich haben sich zwei Banden gebildet, sie werden sich bekämpfen, das ist sicher. Es gibt immer mehr Spannungen zwischen ihnen, und wenn man nicht rechtzeitig eingreift, könnte es ein böses Ende nehmen."

Es ist klar, welcher Anruf nützlicher gewesen wäre, welcher zu einer wirklich guten Lösung geführt hätte.

Aufmerksame, intelligente, mutige Menschen

Konflikte gar nicht erst entstehen zu lassen bedeutet nicht, dass es auf der Welt nur Feiglinge und Memmen geben darf, Menschen, die den Mund halten oder bei der kleinsten Missstimmung weglaufen.
Ganz im Gegenteil!
Die Menschen würden sich darum kümmern, was um sie herum vorgeht. Sie wären aufmerksam und wach und würden merken, wo und wann ein Konflikt im Entstehen ist. Diese Leute würden ihre Intelligenz, ihre Energie, ihren Willen, ihren Mut und ihre Ausdauer einsetzen, um Probleme zu lösen, ehe diese sich zu Konflikten auswachsen.

Manche Menschen auf der Erde wollen Krieg. Solche Menschen hat es immer gegeben, und es wird sie sicher auch in Zukunft geben. Doch es gibt auch sehr viele Menschen, die Frieden wollen. Die meisten von uns verabscheuen Krieg und wissen sehr wohl, wie man für Frieden sorgen kann. Aber warum klappt das nicht immer?

Krieg und Frieden

Krieg und Frieden

Wenn Stärke alles ist ... 113
Regeln statt Stärke ... 115
Ordnungshüter, damit die Regeln befolgt werden ... 116
Die öffentliche Gewalt ... 117
Es ist vorbei mit dem Recht des Stärkeren! ... 119
In einer Gemeinschaft leben ... 119
Frieden entsteht nicht von allein ... 120
Um Frieden muss man sich ständig bemühen 122
... sonst kommt es zu Krieg! ... 123
Auch Völker sind von Natur aus ständig im Kriegszustand ... 125
Frieden ... aber nur, wenn es einem passt ... 126
Weiße Flagge ... 127
Kriege werden immer gefährlicher ... 128
Friede unter den Völkern ... 129
Der Frieden ist etwas sehr, sehr Zerbrechliches ... 129
Um den Frieden zu sichern, muss man miteinander reden ... 130
Um den Frieden zu sichern, rüsten die Länder für den Krieg 131
Frieden – schon heute ... 133

Wenn Stärke alles ist

Krieg herrscht, wenn ein Land mit aller Gewalt und all seiner Kraft ein bestimmtes Ziel erreichen will.
Kraft ist etwas, das in jedem Menschen schlummert. Wir haben Augen zum Sehen, Ohren zum Hören und auch Kraft. Diese Kraft ist von Nutzen, um schwere Sachen zu heben, Häuser zu bauen, Felder zu bestellen ... und manchmal auch, um Krieg zu führen. Zu Beginn der Menschheitsgeschichte war diese Kraft sehr wichtig fürs Überleben. Sie war vielleicht sogar unsere wichtigste Eigenschaft.

Zwei Gruppen von Jägern verfolgen dieselbe Antilope. Sie erlegen sie. Ihre hungrigen Familien warten in den Höhlen auf das Fleisch. Doch welcher Gruppe gehört nun die tote Antilope? Ein heftiger Streit entbrennt, die Männer bekämpfen sich, zwischen den zwei Clans bricht ein Krieg aus. Die stärkere Gruppe bekommt die Antilope und kann sie ihren Frauen und Kindern bringen.

Niemand wundert sich, dass körperliche Überlegenheit in dieser Situation das einzige Mittel scheint, um den Sieger zu bestimmen. Zu kämpfen ist eine Art Instinkt: etwas, das der Mensch beherrscht, ohne dass er es zuerst erlernen muss. Wie der Instinkt der Störche zum Beispiel, die jeden Herbst in wärmere Länder fliegen. Niemand hat ihnen erklärt, dass sie die kalten Winter bei uns nicht überleben würden. Sie wissen es instinktiv und fliegen, ohne lange zu überlegen, nach Afrika.

Um ein Problem zu lösen, haben unsere Vorfahren gekämpft, so ähnlich, wie man trinkt, wenn man Durst hat oder schläft, wenn man müde ist. Doch im Unterschied zu den Störchen geben sich die Menschen nicht lange mit dieser Situation zufrieden. Denn was bei uns Menschen angeboren ist, ist nicht unbedingt auch gut für uns.

Wenn wir das Leben der Menschen beschreiben, damals, als körperliche Überlegenheit das Wichtigste war, sprechen wir heute von dem Menschen in seinem „Naturzustand". Damals konnte es jederzeit zu Streit, Kampf oder Krieg kommen. Es ist völlig normal, dass ein Krieg ausbricht, wenn einige das wollen, was andere haben. Und das wirft ein großes Problem auf! Wenn wir Menschen heute noch im „Naturzustand" lebten, könnte es beispielsweise zu folgender Szene kommen:

In einer Bäckerei streiten zwei Leute darum, wer das letzte Brot bekommt. Die Passanten schauen durch das Schaufenster zu, um zu sehen, wer gewinnt. Auch die Verkäuferin wartet ab, wer gewinnt, damit sie ihm das Brot verkaufen kann. Und kein Mensch würde sich darüber aufregen!

Ein anderes Beispiel: Jemand will gerade das letzte Brot kaufen, da kommt ein Zweimeterkoloss herein und zeigt seine Muskeln. Sofort wird ihm das Brot ausgehändigt, denn er ist eindeutig der Stärkere.

Jedem ist klar, dass das kein angenehmes Leben wäre. Selbst die Stärksten müssten in ständiger Angst leben. Denn es könnte jederzeit jemand daherkommen, der noch stärker ist. Und wenn sie älter und schwächer werden, würden sie unweigerlich von Jüngeren verdrängt werden.
Wenn sich eine Gruppe von Menschen stärker fühlt als ihre Nachbarn, kann sie von heute auf morgen beschließen, den Nachbarn alles wegzunehmen, auch deren Höhlen, um selbst mehr Platz zu haben ...
Folglich würden alle in ständiger Angst leben, denn jeder andere wäre notgedrungen ein Feind.
Doch da der Mensch ein intelligentes Wesen ist, sucht er nach einer Lösung, wenn eine Situation unerträglich ist. Und deshalb sucht er auch nach einer Möglichkeit, um der naturgegebenen, ständigen Kriegsgefahr zu entkommen.

Regeln statt Stärke

Also versucht der Mensch, Regeln aufzustellen. Er will nicht, dass sich immer nur die Stärksten durchsetzen.
Für die Antilopenjäger wäre eine mögliche Regel: „Wenn man nicht weiß, wer die Antilope erlegt hat, muss sie unter allen Beteiligten aufgeteilt werden.“ Oder: „Die Antilope gehört dem, dessen Höhle am nächsten liegt.“ Oder auch: „Wer die meisten Kinder ernähren muss, bekommt die Antilope.“ In der Bäckerei lautet die Regel: „Wer zuerst kommt, wird als Erster bedient.“ Man muss eine Regel finden, mit der alle einverstanden sind. Die Gesamtheit aller Regeln, die sich die Menschen ausgedacht haben, um besser miteinander auskommen zu können, nennt man Recht oder auch Gesetz. Das „Recht“ zu haben, etwas zu tun, bedeutet, dass es erlaubt ist. Es bedeutet, dass man dabei gegen keine Regel verstößt.

Ordnungshüter, damit die Regeln befolgt werden

Wenn eine Regel festgelegt wurde, muss man noch dafür sorgen, dass sie auch befolgt wird. Wie kann man erreichen, dass sich auch die Stärksten an diese Regel halten? Für sie wäre es schließlich günstiger, sich das, was sie haben wollen, mit Gewalt zu nehmen.

Durchaus möglich, dass die besten Jäger die neue Regel ein- oder zweimal befolgen ... Doch irgendwann merken sie, dass es für sie leichter ist, einfach nur kurz ihre Muskeln einzusetzen. Dann werden die Schwächeren ängstlich fliehen, und die Stärkeren können die Antilope für sich behalten.

Niemand kann ihnen ihre naturgegebene Stärke nehmen. Deshalb sagen sich die Menschen, dass eine Regel nur dann von allen befolgt wird, wenn es noch eine Kraft gibt, die über den Stärksten steht. Eine Kraft, die eigens ins Leben gerufen wurde, um sicherzustellen, dass die Regeln auch befolgt werden.

Diese höhere Kraft, der sich auch die Stärksten unterwerfen müssten, wäre zum Beispiel eine Gruppe von zehn Männern, die im Gegensatz zu den anderen Waffen haben. Diese Gruppe würde durch die Wälder und über die Ebenen patrouillieren – eben überall, wo Jäger sind. Und sie würde kontrollieren, ob sich alle Jäger an die Regel halten. Wenn sich ein hungriger Jäger plötzlich stark fühlt und den anderen die Antilope mit Gewalt wegnehmen will, würden die Männer dieser Gruppe eingreifen und ihm beweisen, dass sie stärker sind als er. Dann würde der Jäger einsehen, dass er großen Ärger bekommt, wenn er seine angeborene Stärke ausspielt.

Mit diesen Regeln und Gesetzen sowie einer Gruppe von Personen, die für deren Einhaltung sorgt, fördern die Menschen den Frieden.

Die öffentliche Gewalt

Frieden gibt es nur, wenn die Menschen darauf verzichten, ihre natürliche Stärke einzusetzen, und eine höhere Macht akzeptieren.
Diese höhere Macht nennt man auch Ordnungshüter. Damit meint man heutzutage die Polizei.
Wenn ein Polizist auf der Straße jemanden dabei ertappt, wie er ein Auto stehlen will, sind wir uns alle darin einig, dass der Polizist seine Stärke zeigen darf, um den Dieb zu stellen. Der Polizist trägt eine Waffe bei sich, damit der Dieb begreift, dass der Polizist ihm überlegen ist. Kein Mensch würde sagen, der Polizist dürfe seine Stärke nicht einsetzen. Er handelt kraft eines Amtes, das die Allgemeinheit ihm übertragen hat. Er verrichtet eine Aufgabe im Dienste der Öffentlichkeit, also von uns allen.

Dieser Polizist geht nach der Arbeit nach Hause. Er ist müde und möchte möglichst bald schlafen gehen. Doch ausgerechnet an diesem Abend hört sein Nachbar laute Musik. Deshalb kann der Polizist nicht einschlafen. Er geht ein paar Mal zu seinem Nachbarn und bittet ihn, die Musik leiser zu stellen. Doch sein Nachbar ist ein unverschämter Kerl. Er rät ihm, sich Oropax in die Ohren zu stopfen, und sagt, dass es ihm egal ist, ob andere müde sind. Er persönlich habe Lust, laute Musik zu hören, und basta.

Der Polizist ist sehr genervt. Aber er hat kein Recht, seine Pistole zu zücken, nur weil sein Nachbar zu laut ist. Denn dann würde er seine Stärke als Polizist missbrauchen, um ein persönliches Problem zu lösen.

Was kann er tun? Er kann seine Kollegen rufen, die noch im Dienst sind, damit sie ihm beistehen. Und da es ein Gesetz gibt, das es verbietet, spätabends noch Lärm zu machen, werden diese den dreisten Nachbarn zwingen, die Musik leiser zu drehen. Sie werden dafür sorgen, dass er das Gesetz respektiert.

Wir akzeptieren, dass die Polizisten ihre Stärke einsetzen, denn als Ordnungshüter haben sie das Recht und die Pflicht, für die Einhaltung der Gesetze zu sorgen, die von der Allgemeinheit beschlossen wurden.

Es ist vorbei mit dem Recht des Stärkeren!

Der Mensch legt Regeln und Gesetze fest. Um dieses Recht zu schützen, braucht er Ordnungshüter. So darf niemand mehr seine eigene Stärke einsetzen, um anderen seinen Willen aufzuzwingen. Das bedeutet, dass der Mensch nicht mehr im „Naturzustand“ lebt, sondern den Rechtsstaat erfunden hat. Das ist eine große Veränderung: Anstelle von Stärke regiert das Recht, Gesetze ersetzen das „Recht des Stärkeren“, und dadurch herrscht Frieden.

In einer Gemeinschaft leben

Menschen tun sich zu Gemeinschaften zusammen: Sie bilden Staaten. Ein Staat ist eine Gemeinschaft von Menschen, die dieselben Gesetze befolgen und auf einem bestimmten Gebiet zusammenwohnen. Sie ziehen Grenzen, die zeigen, wo ihr eigener Staat aufhört und der Nachbarstaat anfängt.

Brettspiele wie Mensch-ärgere-dich-nicht oder Monopoly nennt man Gesellschaftsspiele. Bei diesen Spielen gibt es immer mehrere Mitspieler. Und es gibt genaue Regeln, die alle Spieler vor Spielbeginn kennen und mit denen sie sich einverstanden erklären müssen. Andernfalls kann man nicht spielen. Wenn jemand schummelt oder die Regeln missachtet, wird er ausgeschlossen, oder das Spiel ist zu Ende.

Mit dem „Wir-leben-in-einer-Gemeinschaft“-Spiel verhält es sich genauso. Wer mit anderen zusammenlebt, muss die Regeln dieser Gemeinschaft kennen und beachten. Andernfalls ist kein Zusammenleben möglich. Manchmal sind es tausende oder gar Millionen Menschen, die eine Gemeinschaft bilden. Und indem sie einwilligen, denselben Gesetzen zu gehorchen, schaffen die Menschen Frieden.

Frieden entsteht nicht von allein

Alle Deutschen, die heute unter sechzig sind, haben den Krieg in unserem Land nie kennen gelernt. Seit sie auf der Welt sind, wachen sie Morgen für Morgen in einem Land auf, in dem Frieden herrscht. Für sie ist der Frieden etwas ganz Normales. Die meisten können sich nicht einmal vorstellen, dass es mit dem Frieden eines Tages vorbei sein könnte! Das ist für sie ebenso unmöglich, wie dass eines Morgens die Sonne nicht aufgehen würde.

Wenn lange kein Krieg mehr war, könnte man fast glauben, Frieden sei der normale Zustand.

Doch um den Frieden zu bewahren, muss man sich bewusst machen, dass er nichts Natürliches ist.

Jemand, der Guten Tag sagt, wenn er ein Geschäft betritt, der Person hinter sich nicht die Tür vor der Nase zuschlägt und Danke sagt, wenn man ihm einen Gefallen tut, ist ein höflicher Mensch.

Aber ist dieses Verhalten auch natürlich? Nein!

Als dieser Mensch noch klein war, war er nicht von Natur aus höflich, er musste die Regeln der Höflichkeit erst lernen.

Dabei finden Kinder es schrecklich, wenn die Erwachsenen sie ständig ermahnen: „Sag Guten Tag“, „Sag Danke!“ oder: „Sag schön: Auf Wiedersehen!“

Diese Aufforderungen nerven oft – es ist anstrengend, sie zu befolgen. Höflich zu sein ist also absolut nichts, was uns Menschen angeboren wäre.

Dasselbe gilt auch für den Frieden. Wie die Erziehung macht er nicht immer Spaß, weil man Regeln befolgen, Gesetzen gehorchen und lernen muss, seine natürlichen Kräfte nicht auszuleben. Doch die Menschen haben begriffen, dass sich die Mühe lohnt. Mit Regeln lebt es sich wesentlich angenehmer, als wenn man dauernd Krieg führen müsste.

Wenn die Menschen glauben, dass der Frieden etwas Natürliches sei, vergessen sie, sich darum zu bemühen, und schon könnte ein neuer Krieg drohen.

Ein Bauer sät Getreide aus und fährt dann für sechs Monate in Urlaub. Als er zurückkehrt, erschrickt er: Die Pflanzen sind tot, es gibt nichts zu ernten. Logisch! Er hat nicht gegossen, die Erde nicht umgepflügt und auch kein Unkraut gerupft …

Wir Menschen ähneln manchmal diesem Bauern: Wir glauben, dass der Frieden ganz von allein wächst, und sind dann erstaunt, wenn es plötzlich zu einem Krieg kommt.

Um Frieden muss man sich ständig bemühen ...

Auch wenn Frieden herrscht, ist damit noch lange nicht gesagt, dass es für immer so bleiben wird. Das wissen sehr viele Menschen. Und deshalb denken sie darüber nach, was man tun kann, um einen neuen Krieg zu verhindern. Am Frieden muss ständig und überall gearbeitet werden. Das kann man tun, indem man die Geschichte der Menschheit studiert, mit Menschen diskutiert, die anderer Meinung sind, und sich gegen Ungerechtigkeiten wehrt.

In einer Schule werden kleinere Jungen von größeren erpresst. Ein Schüler geht zum Rektor, damit das Treiben aufhört. Dieser Schüler tut etwas für den Frieden, allein schon dadurch, dass er etwas unternimmt und nicht tatenlos zusieht. Der Rektor stellt die großen Jungen zur Rede, bestraft sie und erklärt ihnen den Grund: Er schafft Frieden.

In einer großen Zeitung erscheint ein Artikel, in dem vorgeschlagen wird, Kinos für alle Nicht-Deutschen zu verbieten. Tausende von Lesern schreiben empörte Leserbriefe und erklären, dass sie damit nicht einverstanden sind. Sie tun etwas für den Frieden.

Die Oberhäupter der großen Weltreligionen treffen sich, um darüber zu reden, was sie gemeinsam haben, worin sich ihr Glauben ähnelt und was ihrer Meinung nach der Sinn des Lebens ist. Sie zeigen, dass Gespräche möglich sind, auch wenn man vielleicht nicht in allen Punkten einer Meinung ist: Sie fördern den Frieden.

Die Völker dürfen die Vergangenheit nicht vergessen. Gemeinsam gedenken sie des Endes des letzten Weltkriegs. An diesem Tag erzählen die Älteren in den Familien und Vereinen, warum der Krieg damals angefangen hat, wie das Leben während des Kriegs war, wie man ihn hätte verhindern können ... Kurz: Sie tun etwas für den Frieden.
Der 8. Mai, der Tag, an dem der Krieg in Frankreich zu Ende war, ist dort ein Feiertag. Man arbeitet nicht und gedenkt der Toten des Zweiten Weltkriegs. In jeder Stadt und in jedem Dorf gibt es Mahnmale, die an die Kriegstoten erinnern. So werden die Menschen an den Krieg erinnert und merken, dass man aufpassen muss, damit er nicht wiederkehrt.

In den Schulen wird Geschichte unterrichtet. Die Lehrer versuchen, den Schülern klar zu machen, warum Kriege ausbrechen, und dann überlegt man gemeinsam: Könnte so etwas noch einmal passieren? Was muss man tun, um es zu verhindern? Auf diese Weise tut man etwas für den Frieden.

... sonst kommt es zu Krieg!

Stell dir ein armes Land vor, in dem es sehr viele Arbeitslose gibt. Die Bewohner dieses Landes sind verzweifelt. Keiner weiß, was man tun könnte, um die Lage zu verbessern. Vor lauter Hoffnungslosigkeit kommen die Menschen auf die Idee, dass es doch bequem wäre, wenn es jemanden gäbe, der an ihrem Elend schuld ist. Wenn etwas nicht gut läuft und man keinen Ausweg sieht, sucht man gern nach einem Schuldigen, der für diese Misere verantwortlich ist – nach einem Sündenbock. Und ohne erkennbaren Grund wird auf einmal behauptet, die Menschen mit roten Haaren seien schuld. Vielleicht weil jemand eine Geschichte über Rothaarige gelesen hat, in der stand, dass diese reicher sind als die anderen oder dass sie eine ansteckende

Krankheit haben oder dass sie allesamt Diebe sind ... Und plötzlich finden im ganzen Land Demonstrationen statt, und das Volk verlangt, die Polizei solle alle Rothaarigen des Landes verweisen. Auch jene, die anfangs nichts gegen Rothaarige hatten, sagen sich auf einmal, dass es sicher mehr Arbeitsplätze gäbe, wenn man alle Rothaarigen verjagt. Weder die Zeitungen noch das Fernsehen weisen darauf hin, wie schwachsinnig das ist. Zwar gibt es noch ein paar Menschen, die zu den Rothaarigen halten, aber sie handeln nicht. Sie haben Wichtigeres zu tun und hoffen, dass sich die Lage irgendwann wieder beruhigt. Doch von Tag zu Tag nehmen immer mehr Menschen an den Demonstrationen gegen die Rothaarigen teil, und nach einigen Monaten haben die Rothaarigen so viele Feinde, dass sie sich nicht mehr aus ihren Häusern wagen. Denn sonst würden sie beschimpft und verfolgt werden. Auch das ist Krieg!

Niemand hat reagiert. Niemand hat bei den ersten Demonstrationen Einspruch eingelegt. Die Polizei hätte sie ohne weiteres verhindern können, denn nach dem Gesetz darf niemand wegen seiner Haar- oder Hautfarbe oder sonst etwas benachteiligt werden. Doch die Polizei hat nicht eingegriffen, weil die Regierung ihr nicht den Auftrag gab, für Recht und Ordnung zu sorgen. Die Politiker haben es versäumt, etwas für den Frieden zu tun.

Und wenn niemand etwas für den Frieden tut, steht der nächste Krieg praktisch schon vor der Tür, ohne dass wir es bemerken würden.

Auch Völker sind von Natur aus ständig im Kriegszustand

Zwei benachbarte Länder streiten um ein Stück Land, weil es dort Goldminen geben soll. Die zwei Länder verhalten sich wie die Jäger mit der Antilope: Sie kämpfen miteinander, und der Stärkere bekommt das Land.

Man könnte sagen, dass Auseinandersetzungen zwischen zwei Ländern etwas „Natürliches" sind: Im „Naturzustand" sind Länder jederzeit bereit, sich zu bekämpfen. Sobald die Menschen ein Gebiet besiedelt haben, haben sie Angst, jemand könnte es ihnen wegnehmen. Also bewachen sie ihre Grenzen, bauen Waffen, stellen eine Armee auf und trainieren für den Ernstfall.

Ein Land, das sich stark fühlt und seine Grenzen erweitern will, greift seinen Nachbarn an; ein weiteres Land möchte andere zwingen, seine eigene Religion anzunehmen; wieder andere greifen ein Land an, um dessen Bewohner zu versklaven ... Und selbst wenn gar nichts passiert, ist jedes Land mit Kriegsvorbereitungen beschäftigt, denn alle haben Angst, ein stärkeres Land könnte sie angreifen.

Frieden ... aber nur, wenn es einem passt

Land A liegt am Meer, und seine Bewohner sind sehr arme Fischer. Sie haben kaum genügend zu essen. Das Nachbarland B liegt im Landesinneren, und seine Bewohner bauen Zuckerrohr an. Sie leben gut vom Verkauf ihres Zuckers und haben alles, was sie brauchen. Um den Zucker weltweit verkaufen zu können, müssen sie ihn auf Schiffen über das Meer transportieren. Deshalb brauchen sie einen Zugang zum Hafen und müssen das Land der Fischer durchqueren. Land B könnte nun natürlich in das Nachbarland einfallen. Wenn es siegt, hat es freien Zugang zum Meer. Doch die Regierenden sagen sich, dass sie sich keinen Krieg leisten können, weil sie alle Männer für die nächste Ernte brauchen. Die Regierenden überlegen, was das Beste für ihr Land ist. Den Krieg erklären oder mit den Fischern reden, um eine Lösung zu finden? Sie wissen, dass das Land der Fischer dringend Geld braucht. Da könnte man ihnen doch vorschlagen, für das Überqueren ihres Gebiets zu bezahlen. Beiden Ländern liegt viel daran, dass der Frieden zwischen ihnen erhalten bleibt. Land A braucht Geld, während Land B ein Interesse daran hat, dass die Männer die Ernte einbringen können und es gleichzeitig Zugang zum Meer bekommt.

Kein Land beginnt einen Krieg, solange der Frieden mehr Vorteile bietet.

Weiße Flagge

Manchmal scheint die Lage aussichtslos. Die Politiker sind der Ansicht, dass es ihnen nichts bringt, den Frieden zu bewahren. Statt mit den Politikern des anderen Landes zusammen nach einer Lösung zu suchen, beginnen sie einen Krieg. Doch auch im Krieg herrschen gewisse Regeln. Selbst wenn sich zwei Länder bekämpfen und sich die Menschen gegenseitig umbringen, werden weiterhin bestimmte Gesetze eingehalten.

Wenn ein Soldat seine Waffe weglegt, die Hände hochnimmt und sich ergibt, wird er im Normalfall vom Gegner nicht getötet, sondern nur gefangen genommen. Wenn eine Armee die weiße Flagge hisst, hören die Gegner auf zu schießen. Auch im Kriegsfall greifen Soldaten keine Zivilisten wie Kinder oder alte Menschen an.

Selbst im Krieg ist nicht alles erlaubt!
Wenn Soldaten diese Kriegsgesetze nicht respektieren, begehen sie das, was man ein „Verbrechen gegen die Menschheit“ nennt. Wer ein solches Verbrechen begeht, tötet in gewisser Weise auch sich selbst – fast so, als hätte er alle Menschen getötet. Er ist dann kein Mensch mehr, sondern ein Barbar.

Kriege werden immer gefährlicher

Wenn früher ein Krieg herrschte, wurden ganze Dörfer und Städte zerstört, und es gab natürlich auch viele Tote. Doch es handelte sich nie um Millionen Menschen oder gar um alle Angehörigen eines Volkes. Heute hingegen sind die möglichen Schäden kaum abzusehen.

Zwei Länder führen gegeneinander Krieg. Anfangs bekämpfen sie sich mit Knüppeln, und es gibt Verletzte, manchmal sogar Schwerverletzte. Dann plötzlich haben sie Pistolen. Nach jeder Schlacht muss man die Verletzten einsammeln, manchmal auch sehr viele Tote. Noch später haben die Soldaten Maschinenpistolen und Jagdbomber. Jede abgeworfene Bombe fordert tausende von Menschenleben, und beide Länder sind am Ende fast vollkommen zerstört.

Im letzten Jahrhundert haben die Menschen sehr, sehr gefährliche Waffen erfunden, Waffen, die auf einen Schlag ganze Länder zerstören, Millionen von Todesopfern fordern und vielleicht sogar die ganze Erde vernichten können.

Friede unter den Völkern

Die meisten Völker wissen, wie wichtig es ist, Kriege zu verhindern – vor allem heutzutage, wo sie so gefährliche Ausmaße annehmen könnten. Diese Völker handeln wie ihre Vorfahren, wenn diese eine Gemeinschaft gründen wollten: Sie legen gemeinsame Regeln fest, um den Frieden zu erhalten. Es sind Regeln, denen alle Völker zustimmen. Die Völker versuchen also, eine Art Gemeinschaft zu bilden, um besser miteinander leben zu können. Inzwischen gibt es eine solche Gemeinschaft von Völkern, nämlich die UNO – die „Vereinten Nationen“. Die Menschen gehen denselben Weg wie ihre Vorfahren früher: Um den Weltfrieden zu fördern, stellen sie Regeln auf und bilden eine Art Völkergemeinschaft.

Der Frieden ist etwas sehr, sehr Zerbrechliches

Allerdings gibt es noch keine höhere Gewalt, der auch die mächtigsten Länder unterstellt wären. Es gibt keine „Weltpolizei“, die auf die Einhaltung der Regeln achtet – ähnlich wie ein riesengroßer Polizist mit Siebenmeilenstiefeln, der durch die Welt patrouilliert, um dafür zu sorgen, dass alle Völker die Gesetze einhalten.

Land B verkauft so viel Zucker, dass es bald das reichste Land der Erde ist. Doch je reicher die Bewohner werden, desto geldgieriger werden sie auch. Sie haben es satt, dem Nachbarland dauernd Wegzoll zu bezahlen. Sie fühlen sich so stark, dass sie es nicht mehr einsehen, ihr Abkommen mit Land A noch länger einzuhalten. Schließlich können sie sich die schlagkräftigsten Waffen der Welt leisten und

gegen Land A Krieg führen. Und das tun sie dann auch. Niemand kann sie daran hindern. Sie überfallen das Land der Fischer. Nun können ihre Karawanen mit den Zuckersäcken ungestört und kostenlos bis zum Meer ziehen. Die Fischer hingegen haben alles verloren.

Gäbe es eine Art Weltpolizei, hätte das Zuckerland das Land der Fischer nicht so leicht angreifen können.
Aber eine solche Weltpolizei aufzustellen ist sehr schwierig. Die Völker können sich nicht einigen. Um den Frieden zu sichern, haben sie sich deshalb andere Mittel ausgedacht.

Um den Frieden zu sichern, muss man miteinander reden

Wenn Leute nicht mehr miteinander reden können, um ein Problem zu lösen, werden sie handgreiflich. Doch wenn sie weiter im Gespräch bleiben, können sie nicht gleichzeitig mit Fäusten aufeinander losgehen. Dasselbe gilt auch für ganze Völker. Eine Kriegserklärung ist der Abbruch aller Gespräche. Der Krieg beendet jegliche Kommunikation über ein Problem. Die Völker sagen sich, dass sie keine andere Wahl haben: Nur ein Krieg hilft jetzt noch weiter!
Solange die Staatschefs miteinander reden, sich gegenseitig erklären, was sie wollen, und versuchen zu begreifen, was der andere will, können sie sich nicht gleichzeitig bombardieren.
Um den Frieden zu erhalten, reden die Vertreter der Regierungen in Friedenszeiten miteinander. Auch wenn ihre Beziehung zueinander gut ist und alles bestens läuft. Auf diese Weise lernen sie sich besser kennen und entdecken vielleicht gemeinsame Interessen.

Die Regierungen können auch einiges zusammen bewerkstelligen, Dinge, die einem Land allein vielleicht nicht möglich wären: Sie entwickeln neue Medikamente, um Kranken zu helfen, kämpfen gegen die Luftverschmutzung, die das Leben auf unserem Planeten gefährdet, setzen sich für die Rettung von Tierarten ein, die vom Aussterben bedroht sind, wie Wale oder Elefanten ... Auch die Bewohner der Länder sind miteinander in Kontakt. Sie reisen hin und her und sind nicht mehr so isoliert wie zuvor. Man entdeckt, wie die anderen leben, lernt ihre Sprache und ihre Bräuche kennen, es gibt Schüleraustauschprogramme ... Wenn die Menschen Freunde in vielen anderen Ländern haben, kommen sie noch weniger auf die Idee, gegeneinander Krieg zu führen.

Die Länder verhalten sich wie einzelne Menschen: Sie wissen, dass man für den Frieden etwas tun muss. Deshalb reden sie möglichst viel miteinander. Doch da Gespräche allein vielleicht nicht immer ausreichen, greifen die Menschen noch zu anderen Mitteln, um den Frieden zu erhalten.

Um den Frieden zu sichern, rüsten die Länder für den Krieg

Die Völker wollen keine Kriege mehr führen, doch sie stellen auch weiterhin Waffen her. Sie wollen so mächtig sein, dass niemand sich traut, sie anzugreifen. Oder würdest du es etwa wagen, den Weltmeister in Karate anzugreifen? Ebenso gefährlich wäre es, ein Land anzugreifen, das bis an die Zähne bewaffnet ist, ein riesiges Heer und hunderte von Flugbombern hat ...
Die Menschen haben dieser Methode, mit der sie den Frieden sichern wollen, einen Namen gegeben: Man spricht von „Gleichgewicht des Schreckens“ oder „Abschreckung“.

Durch Abschreckung will man den anderen zeigen, dass ein Angriff verrückt wäre. Man schreckt sie ab.

Auch ein Wachhund, der ein Haus bewacht, dient zur Abschreckung. Will ein Einbrecher eindringen, braucht der Hund ihn gar nicht anzugreifen. Es reicht, wenn er knurrt, bellt und seine Zähne fletscht – schon nimmt der Einbrecher Reißaus.

Auch die Länder fletschen ihre Zähne: Sie zeigen ihre Waffen, ihre Schlagkraft, und die anderen verhalten sich ruhig.
Aber nicht alle Länder können mächtig sein. Kleinere und schwächere Länder versuchen, sich mit stärkeren Ländern anzufreunden – das nennt man „Allianzen" bilden. Und wenn jemand sie angreift, stehen ihnen ihre „alliierten" Freunde bei. So versucht jeder, jedem Angst zu machen, niemand fängt einen Kampf an, und der Frieden bleibt erhalten!
Abschreckung ist jedoch eine äußerst heikle Methode. Außerdem geht es dabei um ein Gleichgewicht: Wenn ein Land eine noch stärkere Waffe erfindet, kippt das ganze System, und schon könnte erneut ein Krieg drohen.
Abschreckung ist zudem auch eine gefährliche Methode. Sie zwingt die Menschen, immer stärkere Waffen zu entwickeln.

Wenn der Einbrecher mit zehn Komplizen wiederkommt, bräuchte man auch zehn Wachhunde mehr. Und falls die elf Einbrecher vergiftetes Fleisch mitbringen, um die Hunde zu töten, bräuchte man Wächter, die die Hunde daran hindern, diese Fleischbrocken aufzufressen. Falls die Einbrecher mit Pistolen kommen, müssten auch die Wächter bewaffnet sein. Und das geht endlos so weiter! In das Haus würde zwar niemals eingebrochen werden, aber ganz wohl würde man sich darin auch nicht fühlen.

Um das Gleichgewicht des Schreckens aufrechtzuerhalten, müssen die Menschen ständig neue Waffen entwickeln. Dadurch wird die Welt immer gefährlicher. Und wegen dieser Waffen sind die Menschen vermutlich gezwungen, in Zukunft noch mehr für die Erhaltung des Friedens zu tun.

Frieden – schon heute

Die meisten Menschen verabscheuen den Krieg. Dennoch wird immer irgendwo Krieg geführt.
Und jedes Mal sagt man, dass dieser Krieg nicht verhindert werden konnte, es aber wirklich der letzte Krieg ist. Man sagt immer, dass man den Frieden für morgen vorbereitet. Warum für morgen? Man weiß, wie man den Frieden sichern kann, und die Zahl derer, die Frieden wollen, ist weitaus größer als jener, die Krieg wollen.
Doch das reicht nicht. Uns allen muss klar sein, dass man sich am besten schon heute intensiv um die Erhaltung des Friedens kümmert.

!

Picasso als Schüler: Eine glatte Sechs! Ist sie verliebt? Seit sie ihn liebt, findet sie ihn schön! Ich bin hässlich! Die Liebe ist etwas Magisches! Wahre Hässlichkeit kommt von innen! Mädchen haben keinen Penis! Tränen sind auch Worte! Ohne Unterschiede keine Energie! Eine Klempnerin, ein Aupair-Junge! Sag schön Guten Tag! Gerechte Gesetze müssen für alle gerecht sein! Gewalt ist ein Kreislauf! Das ist ungerecht, ungerecht, ungerecht, ungerecht! Fangt den Dieb! Nicht diesen Zaubertrank! Ein kleiner Ringkampf – was für ein Spaß! Wie ungerecht, es regnet! Weg mit dem Recht d ärkeren! Frieden ist etwas sehr Zerbrechliches!

Register

A

Abenteuer: 34
Abschreckung: 131
Ägypten: 52, 56
Allianz: 132
Angst: 27 f., 31 f., 34, 42, 46, 78, 90 f., 99, 115, 128, 132
Arbeitgeber: 73
Arbeitsloser: 95, 123
Arbeitsplatz: 31, 68
Armut: 126
Auseinandersetzung: 99, 125
Außerirdischer: 46 f.
Autobahn: 58, 78

B

Bakterium: 21
Barbar: 127
Bild: 44, 55
Boykott: 104
Busfahrer: 73

D

Demonstration: 100, 101, 105, 124
Drohung: 122

E

E.T.: 46 f.
Eigentum: 77
Einfühlungsvermögen: 29
Energie: 25, 34, 83
Enzyklopädie: 52
Erinnerung: 42
erpressen: 122
Erwachsener: 28, 31, 35, 70 f., 73

F

Familie: 68, 87, 100
Farbiger: 69, 80 f.
Feind: 115, 124

Ferien: 23, 66, 68
Fernsehen: 32
Feuerwehr: 29, 31 f., 93 f.
Film: 46 f.
Fisch: 20
Fortpflanzung: 21
Frankreich: 64
Freude: 28, 34, 57, 58
Freund: 27, 29, 33, 35, 43, 47, 65, 70, 80
Friedenszeit: 120
Fußball: 29, 69, 82 f., 89, 90, 94, 113 f.

G

Geburt: 15 f.
Gefängnis: 75, 77, 102
Gefühl: 42 ff., 54, 59
Geheimnis: 43
Gemeinschaft: 103 ff., 119, 129
Geschenk: 30, 66 ff.
Geschichte: 17–19, 22, 30 f., 52, 87, 96 f., 102, 113, 123
Geschmack: 45, 49 f.
Gesellschaftsspiel: 119
Gesetz: 66 ff., 76–79, 81, 91–95, 98, 103, 115
Gesetzgeber: 68
Gespräch: 98, 106 f., 116, 122
Gewalt, körperlich: 89, 100, 124
  aktiv: 100, 124
  passiv: 89, 100, 124 f.
Gewalttätigkeit: 89 ff., 102, 125 f.
Glaube: 75
Gleichgewicht: 131
Gleichheit: 67
Gott: 102
Götter: 19, 45
Gruppe: 103 ff.

H

Hautfarbe: 69, 80 f., 124
heiraten: 25, 69, 75

I

Instinkt: 114

Register

K

kämpfen: 81, 87, 102, 105, 132
Kampfgeist: 83
Kinderarbeit: 101
klonen: 21 f.
Konflikt: 106 ff., 127, 130, 133
König: 17, 64, 71
Kraft: 31, 87, 113, 116, 129
Krankenhaus: 68
Kreislauf: 43, 91 f., 94, 106, 117 ff., 123, 130
Kriegsgefahr: 115
Kriegsgesetz: 127
Kriegsvorbereitung: 125
Kriegszustand: 125
Kündigung: 95 ff., 120 f.
Künstler: 44
Kuscheltier: 41 ff.

L

Lehrer: 55, 68, 71, 76, 80, 91 f., 105, 123
Leid: 130
Liebesbrief: 19
Luftverschmutzung: 131
Lust: 26, 57 f., 67, 71, 78

M

Mahnmal: 123
Medikament: 131
Menschenrecht: 75 f.
Menschenwürde: 76
Menschheitsgeschichte: 113
Musik: 40, 45, 50 f., 56, 59, 63

N

Nachbar: 48, 115, 117, 126, 129
naturgegeben: 116
Naturzustand: 114, 119, 125
Neid: 119

O

Öffentlichkeit: 137
Ohrfeige: 95 ff.

Olympische Spiele: 88 ff.
Opfer: 99, 104
Ordnungshüter: 77 f., 116–119

P

Partei: 68
Pech: 95
Pflicht: 118
Picasso: 55
Politiker: 70, 127
Polizei: 77 f., 99, 117
Problem: 14, 25, 40, 42 ff., 68, 72, 92, 95, 97, 99, 103, 105 f., 108
protestieren: 73
Prügelknabe: 99

R

Rassismus: 103
Rauferei: 89
Recht: 62, 69, 72 f., 75, 78
Rechtsstaat: 119
Regel: 73, 88, 115 ff., 120 f.
Regierung: 68, 92, 124
Religion: 125
Risiko: 96 f.
Rollstuhlfahrer: 73

S

Schaden: 106, 108 f.
Schlacht: 89
Schlägerei: 80, 96
Schönheitswettbewerb: 54
Schulausflug: 90
Schule: 56 ff., 76 f., 79, 91, 99, 105, 122
Schulordnung: 79
Schwäche: 95
Soldat: 89, 127
Sonnenuntergang: 58 f.
Spiel: 27, 87
Sprache: 98
Staat: 73, 119
Stärke: 105, 107
Steinzeit: 24
Steuer: 68
Strafe: 96
Strand: 58 f.
Streit: 91, 106 ff., 114
Strudel: 92 f.
Sündenbock: 123

Register

T

Taktik: 99
Taschengeld: 72
Teddy: 41 f.
teilen: 64 ff.
Terroranschläge: 100
Tierwelt: 20 f., 91, 114
Todesopfer: 77
Träne: 28

U

UNO: 129
Unterdrückung: 101
Urlaub: 58 f., 95, 121
Ursache: 98 f.

V

Veränderung: 73
Verband: 68
Vergangenheit: 123
verkappt: 15 f.
Verletzter: 128
verlieben: 33 f.
Verteilung: 48, 64
Völkergemeinschaft: 129
Vorfahr: 114
Vorschrift: 71

W

wählen: 18, 69, 70
Waffe: 92, 102, 104, 117 f., 128
Weltfrieden: 129
Weltkrieg: 48, 76 f., 123
Weltpolizei: 129 f.
Weltreligion: 122
Wettkampf: 88 ff.
Wüste: 57
Wut: 82 f.

Z

Zeitschrift: 54
Zeugnis: 95 f.
Zivilist: 127
Zusammenleben: 120

Bibliografische Information Der Deutschen Bibliothek
Die Deutsche Bibliothek verzeichnet diese Publikation in der Deutschen Nationalbiografie; detaillierte bibliografische Daten sind im Internet über *http://dnb.ddb.de* abrufbar.

Der Umwelt zuliebe ist dieses Buch auf chlorfrei gebleichtem Papier gedruckt.

ISBN 3-7855-5379-X – 1. Auflage 2005
Die Originalausgaben wurden in Frankreich unter folgenden Einzeltiteln veröffentlicht:
Les Goûters philo: ***La justice et l'injustice***

Les Goûters philo: ***La guerre et la paix***

Les Goûters philo: ***La violence et la non-violence***

Les Goûters philo: ***Les garçons et les filles***

Les Goûters philo: ***La beauté et la laideur***

300 rue Léon Joulin – 31101 Toulouse Cedex 9 – France
www.editionsmilan.com

Aus dem Französischen übersetzt von Anne Braun
Umschlagillustration: Jacques Azam
Umschlaggestaltung: Andreas Henze

www.loewe-verlag.de